Hemilce Amílcar López

I0157582

REINO MILENIAL

EL SEXO EN LAS ESCRITURAS

PRIMERA EDICIÓN
MAR DEL PLATA - BUENOS AIRES
ARGENTINA
2014

Queda hecho el depósito que marca la ley 11.723
I.S.B.N. 978-987-33-4817-4

Al leer "REINO MILENIAL" hallamos medio centenar de citas de eminentes pensadores prestigiosos que supieron transmitir sus hallazgos e intuiciones a quienes buscaban la interpretación de antiguos enigmáticos conceptos, solapados quizás para garantizar su permanencia a través de las edades aguardando que su genuino significado estuviera esperando ser dilucidado sin riesgo como las incineraciones de Alejandría. La tierra fue creada para las plantas y los hermanos menores los animales, permitiéndoles a los humanos de hasta un millón de habitantes, pero la ignorancia y la ambición nos condujo a lamentable desequilibrio.

Este esferoide debió ser un primer peldaño para la asintótica aproximación a lo que fue el génesis del Ser-habiente y cómo debía superarse y trascender para el logro de tal ascensión se le creó en dos mitades transitorias que le aguzarían el ingenio y que le fortalecerían en su camino a la integración.

Pudo más la polarización física que la integración monádica.

Este tercer milenio traerá definición.-

A
Nuestro admirable
Papa Francisco
Que ha sabido ganarse
El afecto y apoyo de todos
Oramos.

PROEMIO

Al Principio era CAUSALIDAD INCREADA.

Con "era", le adjudico una posibilidad contingente.

No es admisible que le asigne género femenino, ni masculino, ni neutro.

Concibo a Causalidad Increada en el Principio del PRINCIPIO.

Necesariamente ha de abarcar todo el TODO, más todo el NO-TODO.

De tal manera, no tendré límite, ni extremo, ni horizonte, ni instante para acotar.

Causalidad Increada se extiende desde el más allá negativo al más allá positivo, y desde el más allá del nadir al más allá del cenit.

Aunque tampoco ha de ser "desde" y "al", porque infieren límite.

Será más acertado decir que CAUSALIDAD INCREADA no tiene extención, cual el punto, que "es" sin ser.

Tendremos que aceptar que las palabras son hitos endebles, que nos pueden sugerir con cierta posibilidad de certeza, adecuada significación de lo que se intenta transmitir.

Ahora, ya podemos comenzar a expresarnos.

A partir de un Punto, imagen del Punto, hubo una EMANACIÓN-CREACIÓN, que no podía dejar de ser perfecta. Aunque se le otorgara al mismo tiempo la psibilidad de distorsionar la imagen, como el agua al bastón.

FUIMOS PERFECTOS. Nuestra percepción llegaba hasta donde nuestra voluntad quería.

Mucho sabíamos, pero no tanto como para saber que podíamos llegar a no saber.

Engreídos, perdimos la luz propia, teniendo que valernos de la luz prestada, que además nos proporciona sombras, y también tinieblas.

Nos damos cuenta que esa luz externa, y las tinieblas, son una misma cosa.

Como entes lumínicos no teníamos desgaste, no necesitábamos reparación. No necesitábamos de fisiología alguna para restablecer nivel energético alguno.

Estábamos enteros y fuera de influencia espacio-temporales. Éramos capaces de CREAR, por SIMPLE VOLICIÓN, formas y colores.

Pero nuestro destino de EVITERNOS DEMIURGOS llegó a su término malgastando nuestras prístinas facultades.

Nos dejamos atrapar por redes de exaltación genésica, que nos llevaron a tocar el ÁRBOL CENTRAL, con lo que logramos su desarrollo y posterior cosecha de su fruto.-

Fuimos SU imagen y semejanza. FUIMOS LUMÍNICOS.

Transgredimos. Caímos en esta materia proporcionada por el rebelde.

Seamos concientes de nuestro estado. Transitemos por el bendito CAMINO CRÍSTICO que nos rescatará de estas tinieblas , devolviéndonos al eviterno vehículo de LUZ que fuimos, cuando surgimos como ENTES COADJUTORES de INEFABLES   DESIGNIOS.

Científicos actuales
se ríen
de buenas ganas
cuando leen
afirmaciones hechas
por cientificos
DE HACE UN
SIGLO.

Los últimos profetas
afirmaron hechos
que ya habían sido
anunciados por
profetas DE DIEZ
SIGLOS ATRÁS.

PREFACIÓN

Sin ascetismo, nada grande
Se ha realizado en el mundo.

Dr. Alexis Carrel
Premio Nóbel en Fisiología.

En esta obra veremos el posible origen de la raza humana y su posterior degradación. También expondremos las vías que han de tenerse en cuenta para su reubicación.

Cada vez hay más impresos con temas sicalípticos que conducen a degradar a la sociedad. Su intención es que el mundo todo sea una gigantesca Sodoma-Gomorra, que supere a la confundida Babilonia.

Hay legisladores que apoyan a desviados sociales que reclaman "sus derechos". Estadistas que a pesar de conducir "países creyentes" (¿?) no leyeron, o no quisieron entender el por qué de la aniquilación de Sodoma, Gomorra, Seboim, Adama. Tampoco les enseñó nada el Nuevo Testamento.

Se habla y se escribe demasiado sobre sexo, se dictan conferencias y se dan cursillos, se despliegan láminas y dibujos en negro y a todo color; nada debe quedar oculto.
¡La verdad (¿?) debe ser dicha! Y todo basado en la ciencia de este cambio de siglo.

No importa lo que hayan proclamado los líderes religiosos de cualquier sitio y todos los tiempos. Hay que ignorar esos preceptos que coartan para los desenfrenos. Además no es lucrativo. Hay que propalar, publicar con marbete científico, en la "seguridad" y la "paz" que otorga la ciencia.

Que todo capricho sexual sea llevado a su culminación para que no nos queden traumas, para liberarnos mental y físicamente.(¡!). Aunque, espiritualmente, nos encharquemos en el más pútrido cieno.

¿Y quién nos asegura que estaremos liberados y con salud?

Usemos las estadísticas para darnos respuesta. En la historia de la fornicación no hubo antes porcentaje más elevado de muertes al dar a luz, de niñas entre los doce y los dieciocho años de edad. Las mismas estadísticas nos informan de la creciente mortandad de seres humanos en proceso de gestación. Hay menor diferenciación de sexos, tendiendo, en forma sorprendente, hacia depravaciones de las que escaparon los huéspedes de Lot. EL DESENFRENO NO ES LIBERTAD NI FELICIDAD, ES SUJECIÓN ABISMAL.

La liberalidad de las costumbres, o, mejor: la inmoralidad, está socavando la institución familiar, base de todas las demás instituciones.

Si nos condujéramos a un caos, no sería demasiado grave, pues la falta de orden la podríamos salvar. En realidad nos estamos encaminando hacia la perdición eónica.

Nuestra falta, es la FALTA TOTAL DE CRÍSTICOS DESIGNIOS.

No tenemos intención, siquiera, de reaccionar para la búsqueda de placebos o panaceas. El desáhucio parece ser lapidario.

Intentemos.

Lo intentaron Adán y Eva después del desafuero. Confeccionaron bragueros de hojas. No

9

consiguieron redención, pero *INVENTARON EL RECATO Y LA VERGÜENZA*, de los que hemos estado haciendo uso para flotar, aunque sea a la deriva.

Pero ese pudor se fue corroyendo. El caído procura adocenar en lo bajo, pensando que un gran número podrá aligerar la sentencia de SU PROPIA CONDENA.

Estamos a tiempo, sin embargo, para librarnos de la posible destrucción.
Nínive es un ejemplo impactante.
Tomemos su decisión como realizable y cada uno de nosotros sea un entusiasta ninivita.
Desde las alturas, los "JONASES" verán resurgir de la ciénaga a la gente que, a pesar de su abyecta situación y sin vestir silicio ni posar sobre cenizas, decide optimizar su moralidad VOLVIÉNDOSE A CRISTO.-

JONAH CAST INTO THE SEA, AND HIS
COMING OUT OF THE WHALE.

ACÁPITE

"Luego vi unos tronos, y se sentaron en ellos,
y se les dio el poder de juzgar;
vi también las almas de los que fueron decapitados
por el testimonio de Jesús y la palabra de Dios,
y a todos los que no adoraron a la bestia
ni a su imagen,
y no aceptaron la marca en su frente
o en su mano;
revivieron y reinaron con Cristo mil años.
Dichoso y santo
el que participa en la primera resurrección;
la segunda muerte no tiene poder sobre éstos,
sino que serán Sacerdotes
de Dios y de Cristo,
y reinarán con Él mil años".

APOCALIPSIS XX: 4-6

Las bastardillas por cuenta del autor.

¿FALTA MUCHO PARA EL **REINO MILENIAL?**

1 *Ésta es una de las preguntas más frecuentemente formulada por los "creyentes".*
Veamos qué signos se nos presentan para poder opinar respecto del tiempo que aún tendrá que transcurrir.
Se han cumplido y se están realizando muchas de las profecías bíblicas de sucesos que han de ser previos a ese NUEVO ORDEN DE COSAS.
Algo, que es sumamente importante que tenga lugar, para el ADVENIMIENTO (próxima venida de Cristo), es la sublimación de la energía genésica.
Decimos "sumamente importante" por cuanto reiteradamente lo vemos expresado en las distintas escrituras a través de los siglos.

2 *En el versículo 4 de la Lección XCII de* "THE GOSPEL OF THE HOLY TWELVE
vemos que Jesús se dirige "a aquellos que sean perfectos" *para que se comporten como los ángeles que no se casan ni procrean, están libres de lazos, como ÉL, para poder realizar su ministerio y hacer obras de sanidad.*

En el v.5 de la Lec. IX dice: *"Mi tarea es enseñar y sanar a los hijos de hombre, y el que ha nacido de Dios guarda su simiente dentro de sí".*

12

3 *Esto concuerda con lo que nos dicen Mateo XXIV: v.19, Marcos XIII v.17 y Lucas XXI v.23*: ¡Ay de las que estén encinta o criando en aquellos días!- (ver párr.23).

Leamos en el Cap. XIII de "THE FORGOTTEN BOOKS OF EDEN – THE FIRST BOOK OF ADAM AND EVE" *(Los Libros Olvidados del Edén-Primer Libro de Adán y Eva):* v. 13 ...has pecado y transgredido... caído... de la luz a las tinieblas... del Jardín a esta Tierra. V.14 Porque TE HICE DE LUZ, y MI VOLUNTAD ERA TRAER HIJOS DE LUZ de ti".- *(En griego PHOS significa, según el acento: "hombre" o "luz".)*. (Lámpara de Jehová es el espíritu del hombre. Proverbios XX :27.)

4 *El hombre fue creado para que tuviera su existencia en un plano todavía más sutil que el de los ángeles. En el v.5 del Cap. XXXVI del mismo libro, leemos esto que es clave:* "Al principio los ángeles se estremecían ante la presencia de Adán y eran temerosos de él. Pero ahora Adán se estremece ante la presencia de los ángeles y está temeroso de ellos". *(ver párr. 142).*

En "THE ESSENE HUMANE GOSPEL OF JESÚS" *(El Humanitario Evangelio Esénico de Jesús) se nos dice:* "SED COMO LOS ÁNGELES DE DIOS EN EL CIELO, que no se casan, no tienen hijos, no se inquietan por el mañana, y son libres de toda atadura, así como YO soy libre ahora. Porque así son los que guardan y conservan dentro el poder de Dios, para su ministerio y obras de santidad...".

5 *Si los ángeles son asexuados, y el hombre fue creado con naturaleza lumínica,*
esto es, para tener su existencia en un plano más sutil que el de los ángeles, entonces el hombre no estaba primitivamente destinado a una multiplicación cual la de las bestias (ver párr. 97-143) sino que disponía del PODER suficiente para CREAR seres luminsos MEDIANTE la ACCIÓN de su MENTE..
"Lec. XXXIV v.16 Y fue Tu voluntad, oh, Señor, hacernos a ambos con cuerpos de naturaleza luminosa. Y TÚ NOS HICISTE UNO". (The Gospel of the Holy Twelve)
(El Evangelio de los Doce Benditos).-

En el EVANGELIO DE VALENTINO, Cap. X Interpretación que da Juan a la cuarta plegaria de la SABIDURÍA FIEL, *en el v.6 leemos:* "Arráncame, sálvame de esta destrucción, porque mi tiempo desaparece y yo me estoy convirtiendo en materia. v.7 Mi luz me ha sido quitada y mi fuerza ha sido destruida.
v.8 Y he perdido la memoria de mi ministerio, al que he sido consagrada desde el principio.
v.10 Y me he convertido como en un demonio que habita en la materia, ..."-

6. *Leemos en* "SUSURROS DE ETERNIDAD" de Paramahansa Yogananda: "¡Oh DIVINA ENERGÍA DE VIDA, que directamente sustentas mi cuerpo! TÚ transmutas y espiritualizas mi comida, sólidos, líquidos y aire- con TUS revivificantes rayos.

Enséñame, ¡oh ESPÍRITU!, a vivir menos por la materia densa, y más y más por la LUZ CÓSMICA.

TU PODER está presente en la lámpara de mi cuerpo.

Yo me refuerzo con TU VIDA OMNIPRESENTE.".-

Un pensamiento afín al que citamos de P. Yogananda lo encontramos en "THE SECRETS OF ENOCH", allí MATUSALÉN pide la bendición de su padre ENOCH para prepararle algún alimento, a lo que ENOCH RESPONDE: LVI v.2 Escucha, hijo, desde que EL SEÑOR me ungió con la unción de SU gloria, no ha entrado alimento en mí, y mi alma no añora placeres terrenales, ni tampoco quiero nada que sea del mundo".

7 *El libro* "LOS SECRETOS DE ENOCH" *fue por mucho tiempo considerado*
canónico. Se encontraron manuscritos en Rusia y Servia, en idioma eslavo, del
principio de la era cristiana. Tuvo evidente influencia en los autores del Nuevo Testamento, y es un libro clave para la comprensión de pasajes oscuros del Nuevo Testamento.
Estuvo perdido durante unos 1.200 años.
He aquí algunos párrafos tomados de su versión inglesa:

Cap. XXXIV

Dios condena a los idólatras y fornicarios SODOMITAS, a quienes MANDARÁ un DILUVIO.

1. Ellos habían rechazado Mis mandatos y Mi unción, había surgido la vana semilla, no temiendo a Dios, a Quien no se doblegaban, sino que habían comenzado a doblegarse a falsos dioses, y negando MI unidad, y han cargado toda la tierra con falsedades, con abominables recíprocos libertinajes, y con toda clase de sucias perversidades que producirían repugnancia tan sólo su mención

2. Y por lo tanto abatiré la tierra con un diluvio y destruiré todo hombre, y la tierra toda la sumiré en grandes tinieblas.-

DILUVIO(S) UNIVERSAL(ES)

Supervivientes en las distintas religiones:
En Judeo-Cristiana: Noé y señora; Sem, Cam, Jafet, tres nueras.
En mitología griega: Deucalión.
En Mahabharata de India: Baisbasbata.
En Sumeria babilónica: Ut-Napishtim narra en la epopeya de Gilgamesh detalladamente el diluvio.
En Irán:Yima.
En antiguo Xochicalgo, México: Coxcox, en una pirámide se lee: "una tierra situada en medio del océano, destruida".
En un valle de México: Tezpi.
En leyenda Chibcha colombiana: Bochica.
Entre Guaraníes: Tamandere.
En Guatemala, Pop Wuj kí-che: los Micos
En Samotracia (entre los argonautas) subieron las aguas del Euxino (Mar Negro).

16

En mitologóa eslava, del diluvio se salvaron sólo un hombre y una mujer.
En Amazonas central, entre los Macuchis: Macunen.
En China salvado: Peirun o Peiruun.
En China trambién: Nu Wah.
En Hawai se salvó: Nu-U.
En Sierra de Parima (Brasil-Venezuela): Ma-Noa (el agua de Noa).

"Hebreo" = "venida del otro lado del agua".
Ogiges: Rey beocio siglo XIX antes de Cristo. Diluvio que lleva su nombre.
Del Griego "OOGYGIOS": diluviano.
Ogigia: geografía antigua, isla de la Beocia donde reinó Calipso.
Beocia: geografía antigua, Comarca de Grecia cuya capital era Tebas.
Del Griego Boys: buey adorado como símbolo de la riqueza del país.

8 *Continúa ENOCH aleccionando a sus hijos:*
"LXV v.4 Y en ellos (los días) marcó las horas con exactitud, para que el hombre pudiera reflexionar a tiempo, y contar los años, meses y horas, su comienzo y fin. Y para que pudiera medir su propia vida, del nacimiento a la muerte, y reflexionar por
sus pecados y escribir sus obras malas y buenas, porque ninguna acción es ocultable ante EL SEÑOR...
v.5 Cuando toda la creación visible e invisible, tal como EL SEÑOR la creó, termine, cada hombre irá al GRAN JUICIO y todo tiempo habrá terminado,

17

no habrá meses ni días ni horas, se habrán indiferenciado y no serán aptos para medir el tiempo.

v.6 Habrá un EÓN *(período aparentemente interminable)*, y todos los justos que no estarán en el GRAN JUICIO DEL SEÑOR, serán tomados en ese gran eón, porque para los justos comenzará el gran eón y vivirán eternamente sin faenas, ni enfermedades, ni humillación, ni ansiedad, ni necesidades, ni violencia, ni noche, ni oscuridad, sino gran luz.

v.7 Tendrán... un PARAÍSO BRILLANTE... donde reinará la VIDA ETERNA".

Todo lo contrario ocurrirá en el 'TERCER CIELO'.

9 "Cap. X v. 1 ... es todo oscuridad... allí no hay luz, sino fuego oscuro que arde constantemente... allí estarán los pecadores contra la naturaleza que han desoído a DIOS"-

EL FUTURO QUE NOS AGUARDA ES RECUPERAR NUESTRA NATURALEZA LUMÍNICA

Leemos en APOCALIPSIS XXI v.23 "La ciudad no tiene necesidad de sol ni de luna que brillen en ella; porque la gloria de Dios ilumina, y el CORDERO es su lumbrera.-

v.25 Sus puertas no serán cerradas con el día, pues allí no habrá noche.

*Cap. XXII v.*5 No habrá allí más noche; y no tienen necesidad de luz de lámpara, ni de luz de sol, porque Dios el Señor los iluminará; y reinarán por los siglos de los siglos".-

10 *Nos dice JOB en Cap. XXII v.27:*
"Orarás a Él, y Él te oirá
Y tú pagarás tus votos.
v.28 Determinarás asimismo una cosa, y te será firme, y sobre tus caminos resplandecerá luz".

Leemos en SALMOS LXVII v.1
"Dios tenga misericordia de nosotros, y nos bendiga;
Haga resplandecer Su rostro sobre nosotros;
v.2 Para que sea conocido en la tierra tu camino, en todas las naciones tu salvación".

11 *CXXXIX v.11*
"Si dijere: Ciertamente las tinieblas me cubrirán;
Aún la noche resplandecerá alrededor de mí.
v. 12   Aún las tinieblas no encubren de ti, y la noche resplandece como el día;
Lo mismo te son las tinieblas que la luz".

ISAÍAS nos profetiza en Cap. IX v.1   "Mas no habrá siempre oscuridad para la que está ahora en angustia, ...
v.2 El pueblo que andaba en tinieblas vio gran luz; los que moraban en tierra de sombra de muerte, luz resplandeció sobre ellos.
Cap. LX v.1   Levántate, resplandece; porque ha venido tu luz, y la gloria de Jehová ha nacido sobre ti.

v.2 Porque he aquí que tinieblas cubrirán la tierra, y oscuridad las naciones; mas sobre ti amanecerá Jehová, y sobre ti será vista Su gloria.
v.3 Y andarán las naciones a tu luz, y los reyes al resplandor de tu nacimiento.
v.5 Entonces verás, y resplandecerás;..."-

12 *Nos adelanta DANIEL en Cap. XII v.2:* Y muchos de los que duermen en el polvo de la tierra serán despertados, unos para vida eterna, y otros para vergüenza y confusión perpetua.
v.3 Los entendidos resplandecerán como el resplandor del firmamento; y los que enseñan la justicia a la multitud, como las estrellas a perpetua eternidad".-

Que la LUZ y las TINIEBLAS NO SON EXCLUSIVIDAD DEL SOL, lo vemos en el segundo libro de la Biblia:
ÉXODO X v.21 "Jehová dijo a Moisés: Extiende tu mano hacia el cielo, para que haya tinieblas sobre la tierra de Egipto, tanto que cualquiera las palpe.
v.22 Y extendió Moisés su mano hacia el cielo, y hubo densas tinieblas sobre toda la tierra de Egipto, por tres días; mas todos los hijos de Israel tenían luz en sus habitaciones".

13 *Se están acercando los días en que ya no habrá tinieblas para nosotros, pues TENDREMOS NUESTRA PROPIA LUZ .según nos dice ISAÍAS en el Cap.LX v.5:* "Tú entonces al verlo te pondrás radiante".

Y al tener esa nueva naturaleza, que fue la primigenia, ya no tendrá razón de ser para nosotros el SOL, de acuerdo con lo profetizado por ISAÏAS en el Cap. LX v.19:

"El sol nunca más te servirá de luz para el día, ni el resplandor de la luna te alumbrará, sino que JEHOVÁ TE SERÁ POR LUZ PERPETUA, y el DIOS tuyo por tu gloria.

v.20 No se pondrá jamás tu sol, ni menguará tu luna; porque Jehová te será por luz perpetua, y los días de tu luto serán acabados".

Nos dice MATEO en el Cap. XIII v.43: "Entonces los justos resplandecerán como el sol en el reino de su Padre".

Y leemos en APOCALIPSIS VII v.14: "Yo le dije: Señor, Tú lo sabes. Y Él me dijo: Éstos son los que han salido de la gran tribulación, y han lavado sus ropas, y las han emblanquecido en la sangre del cordero.

v.15 Por esto están delante del trono de Dios, y le sirven de día y noche en su templo; y el que está sentado sobre el trono extenderá su tabernáculo sobre ellos.

v.16 Ya no tendrán hambre ni sed, y el sol no caerá más sobre ellos, ni calor alguno".-

14 *Ello se debe a que, con nuestra naturaleza lumínica, no necesitaremos comer ni beber, y tampoco nos afectará inclemencia de tiempo alguna, pues nos habremos liberado del cuerpo denso.-*

21

Vemos en MARCOS XIII v.24: "Pero en aquellos días, después de aquella tribulación, el sol se oscurecerá, y la luna no dará su resplandor,

v.25 y las estrellas caerán del cielo, y las potencias que están en los cielos serán conmovidas.

v.26 Entonces verán al HIJO DEL HOMBRE, que vendrá en las nubes con un gran poder y gloria".-

'Y LAS ESTRELLAS CAERÁN'... *Leemos en el "LIBRO DE LOS ESPLENDORES" de ELIPHAS LEVI:* "El noveno ángel, el que corresponde al número de la iniciación, les enseña a hacer CAER LAS ESTRELLAS DEL CIELO, es decir, a DESPLAZAR las más luminosas verdades y a arrastrarlas en la corriente del error".

15 *Leemos en I TESALONICENSES V v.5:* "porque todos vosotros sois hijos de la luz e hijos del día; no somos de la noche ni de las tinieblas".

Y en 2ª. PEDRO III v.8: "Mas, oh amados, no ignoréis esto: que para con el Señor un día es como mil años, y mil años como un día".-

Si entonces la luz solar no será necesaria para nosotros por tener nuestra naturaleza lumínica, ya no habrá tinieblas, no habrá distinción entre día y noche. Será obsoleto el calendario, el Tiempo que tendremos no será tiempo terrestre.

Ya se nos había anticipado en SALMOS XC v.4: "Porque mil años delante de tus ojos son como el día de ayer, que pasó, y como una de las vigilias de la noche".

Y en JOB XXIX v.1 leemos:
"Volvió JOB a reanudar su discurso, y dijo:
v.2   ¡Quién me volviese como en los meses pasados, como en los días en que Dios me guardaba,
v.3 Cuando hacía RESPLANDECER SOBRE MI CABEZA   SU LÁMPARA, a cuya luz yo caminaba en la oscuridad;"

Leemos en SALMOS IV v.6:
"Muchos son los que dicen: ¿Quién nos mostrará el bien?
Alza sobre nosotros, oh, Jehová, la luz de tu rostro.
XXVII v.1:
Jehová es mi luz y mi salvación;   ¿de quién temeré?...
XXXVI v.9:
Porque contigo está el manantial de la vida; En tu luz veremos la luz.
LXXXIX v.15:
Bienaventurado el pueblo que sabe aclamarte; Andará, oh Jehová, a la luz de tu rostro.
CXXI v.6:
El sol no te fatigará de día, ni la luna de noche".-

16 *Invita ISAÏAS en su Cap. II v.5*: "Venid, oh, casa de Jacob, y caminaremos a la luz de Jehová.

Y nos profetiza ZACARÏAS en su Cap. XIV v.6: "Y acontecerá que EN ESE DÍA NO HABRÁ LUZ CLARA, NI OSCURA.
v. 7 Será un día, el cual es conocido de Jehová, que no será ni día ni noche; pero sucederá que al caer la tarde habrá luz".

17 *Si JEHOVÄ ES LUZ y nosotros somos a imagen y semejanza de ÉL, nosotros también somos LUZ, pero con la condición de que andemos en CAMINO CRÍSTICO según nos dice MATEO VI v.22:* "La lámpara del cuerpo es el ojo: así que, si tu ojo es bueno, todo tu cuerpo estará lleno de luz; pero si tu ojo es maligno, todo tu cuerpo estará en tinieblas. Así que, si la luz que en ti hay es tinieblas, ¿cuántas no serán las mismas tinieblas?".-

Leemos en la EPÍSTOLA I DE JUAN Cap. I v.5
"Éste es el mensaje que hemos oído de Él, y os comunicamos: DIOS ES LUZ, y no hay ningunas tinieblas en ÉL.
II v.8 Sin embargo, os escribo un mandamiento nuevo, que es verdadero en ÉL y en nosotros, porque las tinieblas van pasando, y la luz verdadera ya alumbra.
III v.2 Amados, ahora somos hijos de Dios, y aún no se ha manifestado lo que hemos de ser; pero sabemos que cuando ÉL se manifieste, seremos semejante a ÉL, porque le veremos tal como ÉL ES".

18 *Así como LO vio Moisés en el Sinaí, y tal fue la bienaventuranza que su rostro se tornó luminiscente, según se nos dice en ÉXODO XXXIV v.29:* "Y aconteció que descendiendo Moisés del Monte Sinaí con las dos tablas del testimonio en su mano, al descender del monte, no sabía Moisés que la piel de su rostro resplandecía, después que hubo hablado con Dios.

v. 30 Y Aarón y todos los hijos de Israel miraron a Moisés, y he aquí que la piel de   su rostro era resplandeciente; y tuvieron miedo de acercarse a él.

v. 35 Y al mirar los hijos de Israel el rostro de Moisés, veían que la piel de su rostro era resplandeciente; y volvía Moisés a poner el velo sobre su rostro, hasta que entraba a hablar con Dios".-

*Otro caso de rostro resplandeciente lo tenemos con ENOCH, cuando es transportado ante la presencia del SEÑOR. Leamos: "**THE BOOK OF THE SECRETS OF ENOCH**" Cap. XXXVII v. 1:*
"Y el Señor llamó a uno de sus ángeles mayores... blanco como la nieve, y sus manos como hielo, teniendo la apariencia de gran escarcha, refrigeró mi cara porque yo no podía aguantar la presencia del Señor, así como no es posible soportar el fuego de un horno o el calor del sol o la escarcha.

v. 2 Y el Señor me dijo: 'Enoch, si tu rostro no fuera aquí refrigerado, ningún humano podría soportar la proximidad de tu cara'."

19   *No solamente está dado el caso para hombres como Moisés y Enoch, sino que también son abundantes las narraciones en que se nos habla de seres angelicales con rostros resplandecientes. He aquí lo que nos dice ENOCH en Cap I v.6:* "Y se me aparecieron dos hombres extraordinariamente altos, tanto que jamás se los había visto sobre la tierra. Sus rostros brillaban cual el sol, también sus ojos eran como centelleantes luces, y de sus labios salía fuego con diferentes cánticos, y vestidos aparentemente de púrpura, sus alas eran más brillantes que el oro, sus manos más blancas que la nieve.-

Cap. XIX v.1   Entonces aquellos hombres me llevaron al SEXTO CIELO donde vi siete grupos de ángeles muy brillantes y gloriosos, con sus rostros más brillantes que el sol...".-

A todo esto podemos agregar parte del versículo 8 del Cap. LXVI que dice: "Bienaventurados son los justos que se verán libres del GRAN JUICIO, ya que brillarán más de lo que brillan siete soles juntos...".-

20

ELÍAS asciende al cielo.

La castidad es un tesoro
que viene de la
abundancia del amor.

"Aves Errantes"
Rabindranath Tagore-

22 *Nos aclara PABLO en I CORINTIOS XIII v. 12*: "Ahora vemos por espejo, oscuramente; mas entonces veremos cara a cara. Ahora conozco en parte; pero entonces conoceré como fui conocido".-

Leímos en MARCOS XIII v.26 "Entonces verán al HIJO DEL HOMBRE, que vendrá en las nubes con gran poder y gloria.
v. 30 De cierto os digo, que no pasará esta generación hasta que todo esto acontezca".
Esta afirmación se nos presenta abstrusa, por cuanto han transcurrido dos milenios y nada hemos visto de la venida de JESÜS y de los ángeles, para juntar a sus escogidos.
Si consideramos los méritos logrados por ELÏAS, ENOCH, JOB, ISAÏAS... no podemos pensar que todavía estén esperando para ser llevados al REINO CELESTIAL.. Tenemos la seguridad que ellos hicieron su arribo antes que pasara aquella generación.
Lo que ocurre con nosotros es que nos hemos rezagado en nuestra decisión de encaminarnos por CRÍSTICO SENDERO, y se nos está teniendo PACIENCIA. La determinación tiene que ser nuestra. Una vez logrado el desapego por lo mundanal, perduraremos en nuestro cuerpo espiritual, y será bueno nuestro ojo y nuestro cuerpo será todo luminoso (Mateo VI v.22 y Lucas XI v. 36), habilitándonos así para hacer nuestro arribo al REINO CELESTIAL.-

23 *Nos dicen los evangelios de MATEO, MARCOS y LUCAS:*

"¡Ay de las que estén encinta o criando en aquellos días!" "Mas de aquel día
y hora, nadie sabe nada, ni los ángeles en el cielo, ni el HIJO, sino sólo el PADRE". (Marcos XIII v.32).-

El ADVENIMIENTO puede ser ahora, más tarde, mañana, tenemos que estar preparados entonces. La gestación tarda muchos meses. Es grande el riesgo que se corre al concebir. Los Evangelistas Sinópticos son claros, alertan como queriendo suspender la procreación. .

En el v.8 de la Lec LXIX de "THE GOSPEL OF THE HOLY TWELVE" leemos: "Y SALOMË vino hasta ÉL y le preguntó diciendo: SEÑOR, ¿por cuánto tiempo continuará AZOTANDO la MUERTE? y ÉL contestó: Tanto tiempo como el hombre inflija cargas y vosotras las mujeres den a luz, y por esta causa he venido para terminar con la obra de los negligentes.
v.9 Y Salomé LE dijo: Entonces he hecho bien en no dar a luz. Y EL SEÑOR respondió y dijo: Comed de toda hierba que es buena, pero de aquello que tiene la amargura de la muerte, no lo comáis.
v.10 Y cuando Salomé preguntó cuándo serán conocidas esas cosas por las que preguntara, el Señor dijo: Cuando vosotros piséis por sobre las vestiduras de deshonra y os elevéis por sobre los deseos; cuando los dos seáis uno, y el macho con la hembra no sean ni macho ni hembra".

24 *En el comentario de la lección IX v.4 del mismo libro, leemos que en todas las antiguas iniciaciones, la mujer fue una de las tentaciones puestas en el. Sendero del aspirante.* Podemos estar seguros que esto no fue omitido en la prueba del "HOMBRE PERFECTO"; se nos dice expresamente en la *EPÍSTOLA A LOS HEBREOS* que "ÉL fue tentado de todas las maneras cual lo somos nosotros".

No sabemos decir por qué los autores de los Evangelios canónicos omitieron mencionar esta prueba, o si fue quitada del original por accidente; pero aquí la tenemos recuperada.

Evidentemente que fue afirmado por Jesús en esta segunda tentación (lo que siempre han tenido en cuenta los místicos) que los adeptos debían retener su potencial físico para el trabajo en un plano más elevado, y esto es lo que hizo Jesús en su ministerio como ejemplo para todos los que LO quisieran seguir y SANAR LOS CUERPOS Y ALMAS DE LOS DEMÁS.-

Leemos en I JUAN III v.9: "Todo el que ha nacido de Dios no comete pecado porque su germen permanece en él; y no puede pecar porque ha nacido de Dios". (Biblia de Jerusalén). *Algo similar leemos en Soc. Bíblicas Unidas, rev. 1960.-*

25 *Y en APOCALIPSIS XIV v.4 leemos:* "ÉSTOS SON LOS QUE NO SE CONTAMINARON CON MUJERES, pues son vírgenes. Éstos son los que siguen al Cordero por donde quiera que va. Éstos fueron redimidos de entre los hombres como primicias para Dios y para el Cordero; ... "-

En "EL EVANGELIO DE RAMAKRISHNA" leemos en el Cap. III:
"Después de realizar a Dios, aunque un hombre viva con su esposa no tendrá relación física con ella.   Ambos vivirán como 'BHAKTAS', verdaderos devotos.
Hablarán de asuntos espirituales y emplearán su tiempo pensando en Dios ...   Es un santo aquel cuyo corazón, alma y naturaleza interna están dirigidos hacia Dios, aquel que ha renunciado a las mujeres y a la riqueza.   Un santo no mira a las mujeres con los ojos del deseo; si se acerca a una, ve en ella a la Divina Madre y la adora.   Sus pensamientos están siempre en Dios y sus palabras hablan de ÉL..."-

26   *Leemos en "EL EVANGELIO DE VIVEKANANDA", Cap. II p.3:*
"RAJAYOGA":   No se alcanza ni siquiera la primera etapa antes de haber realizado cinco condiciones indispensables, de las cuales la menor bastaría a un santo:
1ª.   El AHIMSA, indañabilidad, que es el gran voto gandhista, y que los viejos yoguis consideran como la virtud y la dicha más altas del hombre: la "no ofensa" a toda la naturaleza, el "no hacer mal", en acto, en palabra, en pensamiento, a un ser viviente;
2ª.   La VERDAD ABSOLUTA, "verdad en acto, en palabra, en pensamiento": pues   todo está basado en la verdad; todo se alcanza por ella;

3ª   Perfecta CASTIDAD o BRAHMACHARYA;.
4ª. La NO CODICIA absoluta;
5ª. La PUREZA del ALMA y el desinterés absoluto: no recibir o no esperar de nadie ningún don, todo don aceptado enajena la independencia y es la muerte del alma".

En la página 214 de "EL EVANGELIO DE VIVEKANANDA", hay una llamada que expresa:: "CASTIDAD   ABSOLUTA,   sin   ella   el 'RAJAYOGA' implicaría los más graves peligros. En efecto, según la observación hindú, cada hombre posee una cantidad constante de energía total; pero esa energía puede transferirse de un centro a otro. La energía sexual, utilizada por el cerebro, se transforma en energía mental. Pero si, según la expresión vulgar, 'quemamos la vela por las dos puntas' es la ruina física y mental. Seguir un 'YOGA' EN ESAS CONDICIONES, LLEVA A LAS PEORES ABERRACIONES.
La 'PUREZA' exigida por las reglas de los 'YOGAS' abarca la doble obligación de las DOS PUREZAS, MORAL y FÏSICA. Nadie es yoguín si no tiene las dos".-

Por lo que estamos leyendo, podríamos suponer que los hindúes son demasiado exigentes en sus preceptos morales, pero veamos a continuación lo que expresaron algunos pensadores representativos de nuestra cultura occidental:
27 *Nos dice* **TOMÁS DE KEMPIS** *en su* **"IMITACIÓN DE CRISTO"** *Tratado I Cap. I:* "Vanidad es seguir el apetito de la carne y desear

cosa por la cual después te sea necesario ser gravemente castigado.

Pues así es; estudia de desviar tu corazón de lo visible traspásalo a lo invisible; porque los que siguen su sensualidad ensucian su conciencia y pierden la gracia de Dios.

Tr. I Cap VI: El que no es perfectamente mortificado en sí, presto es tentado y vencido en cosas pequeñas y viles: el flaco de espíritu y el que aún está algo inclinado a lo sensible, con dificultad se puede abstener totalmente de los deseos terrenos; y cuando se abstiene, muchas veces recibe tristeza; y asimismo se indigna presto si alguno le contradice.

Y si alcanza lo que deseaba, luego le viene descontentamiento por el remordimiento de la conciencia; porque siguió su apetito, el cual no le sirvió para alcanzar la paz que buscaba. En resistir, pues, a las pasiones se halla la verdadera paz del corazón y no en seguirlas.

Cierto no hay paz en el corazón del hombre sensual ni en el que se ocupa de lo exterior, sino en el que anda en fervor espiritual.

Tr. I Cap. VIII: No tengas familiaridad con ninguna mujer, mas encomienda a Dios todas las buenas: desea ser familiar sólo a Dios y a sus ángeles, y huye de ser conocido de los hombres.

Tr. I Cap. XX: Los deseos sensuales nos llevan a pasatiempos; mas pasada aquella hora, ¿qué nos queda sino derramamiento del corazón y pesadumbre de conciencia? La salida alegre causa muchas veces, triste y desconsolada vuelta; y la alegre, hace triste mañana.

Así todo gozo carnal entra con deleite, mas al cabo muerde y mata".-

28   *"¡Ay de las que estén encinta...!"* *Leemos en los EVANGELIOS SINÓPTICOS.*
Y encontramos similitud de ideas en el Cap. XII de LEVÍTICO, donde vemos que la mujer, por dar a luz, queda impura durante cuarenta u ochenta días, según sea varón o niña el nuevo ser. Y cumplido ese tiempo deberá presentar al sacerdote un cordero de un año como holocausto, y un pichón o una tórtola como sacrificio por el pecado.- <¡El pecado de procreación!> ... y el sacerdote hará expiación por ella y quedará pura. (¿?)
En el mismo libro de LEVÍTICO leemos en el capítulo XV v.18: "Cuando una mujer se acueste con un hombre... quedarán impuros hasta la tarde".-
Tal vez estos pasajes hayan influenciado a TOMÁS DE KEMPIS, como así también el PRIMER LIBRO DE SAMUEL, cap. XXI donde se nos dice que DAVID, al llegar a NOB va al templo y pide pan para él y sus compañeros; pero como el pan profano se había terminado, el sacerdote se toma la atribución de darle pan consagrado, sacratísimo presente que era reservado para el sacerdocio.
La condición bajo la cual se accediera a la petición de David fue la de que sus cuerpos estuvieran puros, es decir, que no hubieran tenido trato con mujer alguna.-

29   *En la EPÍSTOLA I DE PEDRO, cap. II v. 11 leemos:*

"Amados, yo os ruego como a extranjeros y peregrinos, que os abstengáis de los DESEOS CARNALES que batallan contra el alma,"-

Y JEREMÍAS v.7 dice: "¿Cómo te he de perdonar por eso?
Sus hijos me dejaron, y juraron por lo que no es Dios. Los sacié y adulteraron, y en casa de rameras se juntaron en compañías.
v.8 Como caballos bien alimentados, cada cual relinchaba tras la mujer de su prójimo.
v.9 ¿No había de castigar esto? Dijo Jehová.-

ÉXODO XIX: 14 "Bajó, pues, MOISÉS del monte, donde estaba el pueblo y ellos lavaron sus vestidos.
v. 15 Y dijo al pueblo: "Estad preparados para el tercer día, y absteneos de mujer".-
Para este versículo la Biblia de Jerusalén hace la siguiente llamada: "Las relaciones sexuales hacen impuro para todo acto sagrado".-

En EL CORÁN, azora XXIV 3/4:
"A la adúltera y al adúltero, a cada uno de ellos, dadle cien azotes. ... no os entre compasión de ellos".-

SOR JUANA INÉS DE LA CRUZ
"Redondillas"

¿O cuál es más de culpar,
Aunque cualquiera mal haga,
...
Pues en promesa e instancia
Juntáis diablo, carne y mundo.-

Entre los MAYAS

"La continencia era obligatoria en los
Aspirantes a determinados cargos, y
Después de ocuparlos estaban en el
Deber de observarla durante períodos
Que eran distintos para cada uno,
Según el puesto que desempeñase."
"La Arcana de los Números"   I. Janeiro.

31 *Pero acerquémonos algo en el tiempo y leamos lo que nos dice* **ALEXIS   CARREL,** *médico y escritor francés (1873-1944), PREMIO NÓBEL en 1912 por sus estudios de FISIOLOGÍA, autor de "LA INCÓGNITA DEL HOMBRE".*

Estos conceptos los hallamos en su libro " LA CONDUCTA EN LA VIDA":

37

Cap. I, IV "La mayor parte de la degeneración actual se debe al amor a las bebidas alcohólicas. Los civilizados se dejan dirigir igualmente por el apetito sexual, cuyas perversiones son tan perjudiciales para los jóvenes como para los viejos.

Cap. II, VI La oposición existente entre la libertad humana y las exigencias de las leyes naturales hace NECESARIA LA PRÁCTICA DEL ASCETISMO.
Es preciso someterse a un duro ascetismo para llegar a ser un atleta, un artista o un sabio. La salud, la fuerza y la longevidad se obtienen negándose a ceder a ciertos apetitos.
Cap. II, VII El ascetismo es una necesidad de la vida.

Cap. III, IV Entre los animales, sólo el hombre puede poner el obstáculo de su voluntad al desencadenamiento del apetito sexual.

32 En todas las épocas ha habido ascetas.
La claridad del juicio se oscurece. El apetito sexual es el dueño incontestable de los individuos y de las naciones. La historia de los pueblos, como la de las familias, dependen con frecuencia de las fantasías genésicas de sus jefes.

Es preciso NO CONFUNDIR EL AMOR CON EL DESEO GENÉSICO.
El amor supera al deseo, como el incendio supera a la llama de una cerilla.

El progreso de las técnicas anticoncepcionistas ha disociado el acto sexual de la fecundación. Al mismo tiempo, el aborto ha dejado de ser considerado como un delito. El hombre y la mujer ya no obedecen a la ley de la propagación de la raza. La naturaleza ha permanecido al principio muda; los transgresores mismos no han sido castigados, o lo han sido solo debilmente. Despúes han llegado terribles catástrofes. Francia ha declinado. Inglaterra sigue el mismo camino y se ha producido una gran transformación cualitativa en los Estados Unidos. La severidad del castigo muestra la gravedad del pecado.

33 Cap. III, VI Y los grandes inspirados, BENOIT DE NORCIE, por ejemplo; JUAN DE LA CRUZ, MAITRE ECKHARDT, RUYSBROECK EL ADMIRABLE, enseñaron a los hombres de occidente cómo, siguiendo la voz del escetismo y de la mística, pueden alcanzar a Dios.
Cap. VI, I SIN ASCETISMO, NADA GRANDE SE HA REALIZADO EN EL MUNDO".- Alexix Carrel

34 *Dice* **LANZA DEL VASTO** *en* *"LAS CUATRO PLAGAS"*:

Cap. I, párrafo 11 "De esta suerte, para que el acto de amor y procreación sea lícito, es menester que semejante acto tenga por móvil el amor, por fin la procreación y por condición la consagración religiosa.
El buscar en la unión carnal el propio goce en lugar de entregarse a ella para la superación de la vida y

39

la alegría de la concordia equivale a morder el fruto prohibido, a robar el DON.

Y precisamente porque el placer puro (puramente animal) no le está permitido ni le es posible, el hombre se abandona a la lujuria. Pues su conocimiento, capaz de conferir al amor la plenitud de su sentido, que es matrimonio y sacramento, le suministra, según la lógica de su caída, los medios de eludir aquellas solemnes trabas, de eludir también, como accidente enojoso, la fecundidad que es la razón de la unión, hasta de eludir la unión de los corazones, que jamás está exenta de graves inquietudes y de sentimientos dolorosos, para arrastrarlo en pos del placer, eludiendo aun –si dispone de medios suficientes- la fatiga y el hastío.

... Allí, en la conquista de esa cosa superflua que parece flor suprema y el fin más alto de los esfuerzos, se hunden las riquezas de las naciones, las virtudes cívicas, las estructuras familiares y la fe religiosa. De ello resultan, sí, algunas plagas sociales como la prostitución y el abandono de niños en los hospitales, también resulta el lustre de las civilizaciones, pues con éstas ocurre lo mismo que con el chorro de agua, cuya caída ondeante nos place contemplar".-

Párr. 12... "la Biblia, cuando se refiere a los CINTURONES DE HOJAS DE ADÁN Y DE EVA, no habla de la lluvia ni del buen tiempo, sino que invoca la vergüenza.

Sí, la vergüenza y el respeto del sexo, nacidos a la vez del llamado conocimiento del Bien y del Mal, porque este conocimiento arroja en el alma el latido de la contradicción. Y he aquí que ante los signos del sexo, el hombre se turba, como nunca vacila entre la delicia y la repulsión, entre el estupor y la risa y ya no sabe si adora o execra.

Pero también, ¿por qué este órgano de doble sentido, creado para dar la vida -de ahí su atractivo- y por otra parte para producir la inmundicia -de ahí la repugnancia que inspira?

El vestido suprime la oposición disimulando el órgano y convierte a la cosa impura en objeto sagrado. Permite que se le consagre un culto universal y tácito, que se llama pudor.

La moral universal enseña que el vestido tiene por fin el moderar los deseos alejando la vista de su meta precisa. En realidad, aleja el aspecto mezquino y repugnante del sexo para destacar desmesuradamente su prestigio y su misterio.

Quita su visión a los ojos para ofrecerla multiplicada y profundizada a la imaginación y ponerla así en el corazón y en la sangre. En realidad, el VESTIDO ES, para el civilizado, el más poderoso INSTRUMENTO DE SEDUCCIÓN. A él le debe el ser un animal intemperante en todo tiempo, el único ser esencialmente vicioso"

... función con TRES términos.

El amor es una función con tres términos, el
hombre la mujer y Dios.
Su perfección y éxito están ligados a la armoniosa
combinación de estos tres elementos.
Teilhard de Chardin en "La Energía Humana".

PROVERBIOS   XXIX v.11

"El necio da salida a toda su pasión;
El sabio la reprime y apacigua."-

...el Uno ha nacido de DIOS a muy gran altura.
Su naturaleza está en ser Uno con el UNO.
Quien lo busca por debajo de DIOS se engaña a
Sí mismo.   ... este Uno no tiene amistad
verdadera
más que con las jóvenes o vírgenes, como lo dice
SAN PABLO: "Vírgenes puras, yo os he confiado
Al Uno y con él os he comprometido."
Y así, precisamente es como debiera ser el
hombre.-

de "**LOS TRATADOS**" de **MAISTER
ECKHART.**

38 EILHARD DE CHARDIN en *"LA ENERGÍA HUMANA"* nos habla de la evolución del amor llegando a superar el estado transitorio de la reproducción, la aspiración de la castidad.

ESBOZO DE UN UNIVERSO PERSONAL.

V La energía de personalización.
... "Aparece aquí, en su amplitud, el papel cósmico de la sexualidad. Y, al mismo tiempo, se pueden percibir las reglas que nos guiarán en la conquista de esta energía terrible por la que pasa, a través de nosotros, en línea directa, la potencia que hace converger sobre sí mismo al Universo.

La primera de estas reglas es que el Amor, conforme a las leyes generales de la unión creadora, sirve para la diferenciación espiritual de los seres que aproxima. Pues ni uno debe absorber al otro, ni menos todavía perderse los dos en los goces de una posesión corporal, lo cual significaría una caída en la pluralidad y el retorno a la nada.

39 ... EL AMOR ES UNA FUNCIÓN CON 'TRES' TÉRMINOS: el hombre, la mujer y DIOS. Toda su perfección y su éxito están ligados a la armoniosa combinación de estos tres elementos.
Se manifiesta aquí una gran diferencia entre los resultados a los que conduce nuestro análisis de un Universo personal y las reglas admitidas por las normas antiguas. Para éstas, pureza era, generalmente, sinónimo de separación de sexos. Para amar había que abandonar. Un término excluía al otro.

El 'binomio' hombre-mujer, reemplazado por el binomio hombre-Dios (o mujer-Dios): ésta era la ley de la suprema virtud.

Mucho más general y satisfactoria nos parece ser la fórmula que respeta la asociación de los tres términos en presencia. La pureza, diremos, expresa, sencillamente, la manera más o menos clara de explicitarse, por encima de los dos seres que se aman, el Centro último de su coincidencia. No se trata aquí de dejarse, sino de unirse en un algo mayor que uno mismo. El Mundo no se diviniza por supresiones, sino por sublimación. Su santidad no es eliminación, sino concentración de las savias de la Tierra. Así se transcribe en una nueva ascesis, tan laboriosa, como veremos, pero mucho más comprensible y operante que la antigua: la noción de Espíritu-Materia.

SUBLIMACIÓN, por tanto, conservación; pero también, y más todavía, transformación. Si es verdad, pues, que el hombre y la mujer más se unirán a Dios cuanto más se amen el uno al otro, no es menos cierto que, cuanto más sean de Dios, más abocados estarán a amarse de una manera más bella. ¿EN QUÉ DIRECCIÓN podemos imaginar que se efectuará esta evolución ulterior del amor?
Sin duda, hacia una disminución gradual de lo que representa todavía (y necesariamente) en lo sexual el lado admirable, pero transitorio, de la reproducción.
... la función esencialmente personalizante del amor se separará, más o menos completamente, de lo que ha debido ser, por un tiempo, el órgano de propagación,"la carne".

46

… el amor se hará más espiritual. … ¿No está aquí, en su realidad, la aspiración misma de la CASTIDAD?".-

TEILHARD DE CHARDIN nos dice en su libro "EL MEDIO DIVINO", en la II parte, Ascética Cristiana:

3.La fuerza espiritual de la materia.
Página 112/3
 …"a medida que se cristianiza, la Humanidad ha de sentir cada vez menos necesidad, para alimentarse, de ciertos alimentos terrestres. Así, LA CONTEMPLACIÓN Y LA CASTIDAD deben tender a dominar legítimamente sobre el trabajo agitado y la posesión directa".-

Con la castidad, el Iniciado acumula
la energía en el centro fundamental
que destapa su SELLO, logrando así
el poder de la Voluntad del ALMA DEL
MUNDO, entonces puede ver las cosas
antes de su manifestación en el
mundo físico.
DR. Jorge Adoum

41 *FRAGMENTOS DE EVANGELIOS APÓCRIFOS* Hyspamérica

EVANGELIO DE FELIPE

1" Y el SEÑOR me ha descubierto lo que el alma debe decir, cuando llegue al cielo, y lo que debe contestar a las preguntas de las VIRTUDES CELESTES.

2 Yo me he reconocido y recatado, y no he engendrado hijos para el mundo, sino que he extirpado sus raíces.

3 Y conozco quienes sois, porque yo mismo soy el número de las cosas celestes.

4 Y en diciendo esto, se le deja pasar, y si ha engendrado hijos se la detiene hasta que esos hijos vuelvan a ella, y ella los retire de los cuerpos que animaron en la tierra".

EVANGELIO DE TACIANO *leemos a favor del celibato:*

"Cap. C v.9 Y ÉL les dijo: Por la dureza de vuestro corazón os permitió Moisés repudiar a vuestras mujeres, mas en el principio no fue así.

10. Y os digo que el que repudiase a su mujer, no siendo por causa de fornicación, si se casase con otra, adultera.

11. Y el que se casare con la repudiada, adultera.

12. Y dijéronle los discípulos: Si esto es así, no conviene casarse.

13. Y ÉL les contestó: No es dado a todos comprender estas palabras.

14. Porque hay eunucos que nacieron así del vientre de su madre.

15. Y eunucos que son hechos por el hombre.

16. Y hay quienes a sí mismos se castraron, por el reino de los cielos.

17. Quien sea capaz de serlo así, séalo".-

42 A pesar de las presiones ejercidas por las autoridades clericales, y por sus parientes, basados en las costumbres y dádivas, MARÍA se mantuvo firme en sus convicciones, diciendo que " SE HONRA A DIOS POR LA CASTIDAD". Y con referencia a ABEL, lo elogia por haber evitado toda mancilla en su carne. [ver párrafo 47 bis].

EVANGELIO DEL PSEUDO-MATEO *dice:*

Capítulo VII   MÉRITO DE LA CASTIDAD

1 Entonces el sacerdote ABIATHAR ofreció presentes considerables a los pontífices, para obtener de ellos que MARÍA se casase con un hijo suyo. Pero MARÍA los rechazó, diciendo: Es imposible que yo conozca varón, ni que un varón me conozca.

Los pontífices y todos sus parientes trataron de disuadirla de su resolución, insinuándole que se honra a Dios por los hijos, y se adora con la creación de progenitura, y que así había sido siempre en Israel.

Pero María les respondió: SE HONRA A DIOS POR LA CASTIDAD,   ante todo, como es muy fácil de probar.

2   Porque, antes de ABEL, no hubo ningún justo entre los hombres, y aquél fue agradable a Dios por su ofrenda, y muerto por el que había desagradado al ALTÍSIMO.   Y recibió dos coronas, la de su ofrenda y la de su VIRGINIDAD, puesto que había evitado continuamente toda mancilla en su carne.

De igual modo, ELÍAS fue transportado al cielo en su cuerpo mortal, por haber conservado INTACTA su PUREZA.   Cuanto a mí, he aprendido en el templo, desde mi infancia, que una virgen puede ser grata a Dios.   He aquí por qué he resuelto en mi corazón no pertenecer jamás a hombre alguno".-

43 *SANTIAGO, en su PROTOEVANGELIO, también califica de mansilla a la sensualidad; veamos:*

"Cap. IX v.3   Y JOSÉ, lleno de temor, recibió a MARÍA bajo su guarda, diciéndole: He aquí que te he recibido del templo del SEÑOR, y que te dejo en mi hogar.   Ahora voy a trabajar en mis construcciones, y después volveré cerca de ti. Entretanto el Señor te protegerá.

Cap. X v.1   ... Y el Gran Sacerdote se acordó de María, y de que era de la tribu de David, y de que permanecía SIN MANCILLA ante Dios".-

El CASTO CONNUBIO de ANA y JOAQUÍN se ve coronado con el nacimiento de la VIRGEN MARÍA.

Dice el EVANGELIO DE LA NATIVIDAD DE MARÍA:

"Cap. I v. 1 ... Su padre se llamaba JOAQUÍN, y su madre ANA,

1 Y la vida de ambos esposos era sencilla y santa ante Dios ...

2 Y de esta manera, amados por Dios y buenos para los hombres, habían vivido durante cerca de veinte años en un casto connubio, sin tener descendencia.

Cap. III v. 1   ... le apareció un ángel del Señor... No temas Joaquín,... Dios ha visto tu oprobio, y ha considerado el reproche de esterilidad que sin razón se te ha dirigido.

... Y, cuando cierra una matriz, lo hace para abrirla después de una manera más admirable, y para que se sepa que lo que nace así no es fruto de la pasión, sino presente de la PROVIDENCIA".

44 "Cap. IV v.2 ... ANA, ... he sido enviado a vosotros para anunciaros el nacimiento de una hija, que se llamará MARÍA, y que será bendita entre todas las mujeres. Llena de la gracia del SEÑOR desde el instante de su nacimiento, permanecerá en la casa paterna durante los tres años de su lactancia. Después, consagrada al servicio del ALTÍSIMO, no se apartará del templo hasta la edad de la discreción. Y allí, sirviendo a Dios día y noche con ayunos y con plegarias, se abstendrá de todo lo que es impuro, y NO CONOCERÁ VARÓN JAMÁS, manteniéndose sin tacha, sin corrupción, sin unión con hombre alguno. ...

Cap. VII v.2 Entonces el Gran Sacerdote anunció en público que todas las vírgenes que habían sido educadas en el templo, y que tenían catorce años, debían volver a sus hogares, y casarse, conforme a la costumbre...   Sólo MARÍA, la VIRGEN del SEÑOR, declaró que no podía hacerlo. Como sus padres la habían consagrado primero a Dios, y ella después había ofrecido su virginidad al Señor, no quería violar este voto, para unirse a un hombre, fuese el que fuere. ...

Cap. IX v.2... Y el ángel divinamente inspirado previno estas dudas, diciéndole: No temas, María, que mi salutación oculte algo contrario a tu castidad. Has encontrado gracia ante el Señor, por haber escogido el camino de la pureza, y, permaneciendo virgen, concebirás sin pecado, y parirás un hijo.
v.4... ¿Cómo eso ha de ocurrir? Puesto que, según mi voto, no conozco varón, ¿cómo podré dar a luz, a pesar de ello?

Y el ángel le dijo: No pienses, María, que concebirás al modo humano. Sin unión con hombre alguno, virgen concebirás, virgen parirás, virgen amamantarás- Porque el ESPÍRITU SANTO descenderá sobre ti, y la virtud del ALTÍSIMO te cubrirá con su sombra contra todos los ardores de la pasión.

Cap. X v.3 Y JOSÉ, conforme a la orden del ángel, tomó a María mas no la conoció, sino que la GUARDÓ EN CASTIDAD".-

45 *En el EVANGELIO ARMENIO DE LA INFANCIA, el ángel se refiere a la concepción de María diciéndole que no será efecto de una concupiscente pasión conyugal (palabras muy fuertes éstas), a lo que María responde que SU EMBARAZO ES UN EJEMPLO.*
Veamos parte de este Evangelio:

"Cap. V v.2 Y, levantándose, se puso en oración, y dijo: SEÑOR DIOS DE ISRAEL, Dios de nuestros padres, mírame con misericordia, y condesciende a mi demanda, y a la plegaria de mi corazón. Escucha a tu miserable sierva, que te implora con esperanza y con confianza. No me entregues a las tentaciones del seductor y a las emboscadas del enemigo, y líbrame de los peligros y de la astucia del cazador, porque espero y confío en que guardarás mi virginidad intacta, Señor y Dios mío. ...

v.3 ... afirmas que concebiré y pariré al tenor de las demás mujeres. ¿Cómo ha de ocurrirme esto, si yo no conozco varón?

Y el ángel dijo: ¡Oh SANTA VIRGEN MARÍA, no abrigues sospechas tales, y comprende lo que te revelo! No concebirás de una criatura, ni de un marido, ni de la voluntad de un hombre, sino del PODER DE LA GRACIA DEL ESPÍRITU SANTO,...

v.6 y EL ÁNGEL REPLICÓ: El caso no será como piensas. Tu maternidad no será efecto de una concupiscente pasión conyugal, porque TU VIRGINIDAD PERMANECERÁ PURA Y SIN TACHA.

v. 12 ... ¡Oh palabra asombrosa! ¡Oh obra sorprendente! ¡Oh prodigio terrible y desconcertante! Nadie creerá que yo no haya conocido varón, y que mi embarazo es un ejemplo".

"Mi embarazo es un ejemplo", *¿qué habrá querido significar con eso? Que ¿puede servir de paradigma? Entonces, ¿ESTARÁ DADA LA*

POSIBILIDAD DE LA PARTENOGÉNESIS en la humanidad? <ver párrafo 208>.
Habría que detenerse e investigar sobre este punto de tanta trascendencia.-

El capítulo VII trata de: De cómo María demostró su virginidad y la castidad de José.

46

Del rosarium der gesegneten
Jungfrau María
Venecia, 1524

Según los aztecas, el SOL, llamado "Colibrí del Sud", constituía lo supremo (DIOS) para el pueblo. Había nacido milagrosamente. TONANTZIN-COATLICUE, paseándose por el cerro de TEPEYAC, fue tocada por un ramo de plumas de colibrí, caído misteriosamente del cielo, por lo que quedó embarazada.-

"Conservad casta vuestra carne
y sed en vuestro más secreto interior
inmaculados, a fin de que recibáis
la vida eterna."

Sentencia atribuida a Jesús
por los Padres de la Iglesia.
EVANGELIOS APÓCRIFOS
II HYSPAMERICA
Cap. VI v.14

47 bis   Los ABELITAS afirmaban que ABEL había
tomado una "compañera de vida", pero
que se había abstenido de procrear. Y
ellos se esforzaban en seguir el ejemplo
viviendo en una castidad perfecta y
contentándose con adoptar niños
desdichados o huérfanos.-

48 *En el EVANGELIO CÁTARO DEL PSEUDO-JUAN se nos proporcionan algunos detalles de la creación del hombre:*

"Cap. II v.6   Y Satanás se reinstaló en el firmamento...
v.9   Y, reflexionando entre sí, quiso hacer al hombre a su imagen, (1) y ordenó al ángel del tercer cielo que entrase en un cuerpo de barro. (2)
v.10 Y, tomando una porción de este cuerpo, hizo otro cuerpo en forma de mujer, y ordenó al ángel del segundo cielo que entrase en el cuerpo de la mujer. (3)
v.11 Y los ángeles lloraban, al verse revestidos DE UNA FORMA MORTAL Y DIFERENTE DE LA QUE SIEMPRE LES HABÍA CORRESPONDIDO. (4)
v.12 Mas él los mandó ejecutar la obra carnal en sus cuerpos de barro, sin que ellos comprendiesen que cometían un pecado. (5)

(1) El hombre era etéreo, espíritu, lumínico, semejante a Dios.
(2) El cuerpo de barro, obra luciférica.

58

(3) Dando origen a la pareja.
(4) Los seres angélicos son obra de Dios. Satanás, como demiurgo, les proporciona cuerpos terrestres y sexualidad.
(5)   Inferimos que: "creced y multiplicaos" es luciférico.

v.16 Y el diablo entró en el cuerpo de la serpiente perversa, y sedujo al ángel que tenía forma de mujer, y en su hermano repercutió la concupiscencia del pecado, y cometió su concupiscencia con Eva en el canto de la serpiente.
v.17 Y he aquí por qué se llaman hijos del diablo e hijos de la serpiente a los que cometen la concupiscencia del diablo, su padre, hasta la consumación de los siglos.
v.18 Y, sin tardanza, el diablo inoculó al ángel que estaba en Adán su veneno y su concupiscencia, que engendraron el hijo de la serpiente y el hijo del demonio, hasta la consumación de los siglos.

49   Cap. III v.1   Y enseguida, yo, JUAN, interrogué al SEÑOR, diciendo: ¿Cómo los hombres afirman que ADÁN y EVA fueron creados por la mano de DIOS, y que, puestos en el PARAÍSO para observar los preceptos, se vieron entregados a la muerte?
V.2 Y el SEÑOR me respondió: Escucha, Juan, bienamado de mi PADRE. Los hombres ignorantes dicen también en la prevaricación que mi PADRE había fabricado cuerpos. Empero ha creado, por el ESPÍRITU SANTO, todas las virtudes de los cielos y los santos; a causa de la prevaricación, se

encontraron en posesión de cuerpos de barro, y he aquí por qué se vieron entregados a la muerte.

V.3 Y de nuevo, yo, Juan, interrogué al Señor, diciendo: ¿Cómo el hombre comienza a existir en espíritu en un cuerpo carnal?.

v.4 Y el Señor me respondió: Ángeles caídos del cielo pasan a los cuerpos de las mujeres, y reciben la carne de la concupiscencia de la carne. Porque el ESPÍRITU NACE DEL ESPÍRITU, Y LA CARNE DE LA CARNE, Y ASÍ ES COMO SE CONSUMA EL REINADO DE SATANÁS EN EL MUNDO y en todas las naciones.

Cap. IV v.3 Y pregunté al Señor: ¿Cómo sucede que todos Reciben el bautismo de Juan, pero que no todos reciben TU bautismo?

v.4 Y el Señor me contestó: Porque sus obras son malas, y porque no llegan todos a la Luz. Los discípulos de Juan se casan, pero los míos NO SE CASAN, y son como los ángeles en el cielo.

v.5 Y yo dije: Si es pecado casarse, no le conviene al hombre contraer matrimonio.

v.6 Y el Señor replicó: Sólo pueden comprender esa palabra aquellos a quienes ha sido dado comprenderla".-

50 *Más adelante, cuando hablamos de la SOCIEDAD HINDÚ, decimos: en el HINDUISMO, la institución del matrimonio no significa gratificación sensual. Es un código de castidad, armonía y autosujeción para lograr el más elevado propósito de la vida humana.-.*

En la *HISTORIA COPTA DE JOSÉ EL CARPINTERO* se citan los nombres de aquellos hijos de *JOSÉ* que se supusieron hermanos de *JESÚS*, como si *MARÍA* los hubiera traído al mundo, gravísimo error.

51 Con respecto al *ADULTERIO*, el *EVANGELIO DE TACIANO* nos hace saber que era considerado como *GRAVE PECADO*, tanto de hecho como de pensamiento. *Dice así:*
"Cap. XXVIII v.1 Oísteis que fue dicho a los antiguos: NO ADULTERARÁS.
v.2 Mas yo os digo que cualquiera que mire a una mujer con concupiscencia, ya adulteró con ella en su corazón.
v.3 Y si tu ojo derecho pudiera hacerte causa de escándalo, sácatelo".

"Cap. XXIX v.1 Fue dicho también: Quienquiera que repudie a su mujer déle carta de repudio.
v. 2 Mas yo os digo: Cualquiera que repudie a su mujer, no siendo por causa de fornicación, hace que ella adultere.
v.3 Y quien desposare a la repudiada comete adulterio".

"Cap. C v.7 Lo que Dios unió no puede el hombre separarlo".

"Cap. CXXVII v.2 MAESTRO, MOISÉS dijo: Si alguno muriese sin hijos, su hermano se casará con su mujer, y hará simiente a su hermano.
v. 5 ... Mas ¿de quién será la mujer en la resurrección, ?

v. 6 Pero dijo Jesús: Erráis, porque ignoráis las Escrituras y el poder de Dios.

v. 7 Porque en la RESURRECCIÓN NI LOS HOMBRES   TOMARÁN   MUJER, NI LAS MUJERES MARIDO.

v.8 SINO QUE SERÁN COMO LOS ÁNGELES EN EL CIELO".-

* * *

52 *En **EL LIBRO DE MORMÓN** vemos que se considera a la fornicación como un pecado mortal asimilable al asesinato, tildando de práctica inicua a la tenencia de más de una esposa, desaprobando a David y a Salomón.*

Del libro mencionado, publicado por La Iglesia de Jesucristo de los Santos de los Últimos Días, Salt Lake City, UTA, USA. 1952, leemos como sigue:

2° NEFI Cap. IX v.36 "¡Ay de los que cometen fornicaciones! Porque serán arrojados al infierno.

Cap. XXVI v.32 Y además el Señor Dios ha mandado que los hombres no asesinen; ... que no cometan fornicaciones; ... porque los que lo hacen perecerán. 33 Porque ninguna de estas iniquidades viene del Señor; ...

Cap. XXVIII v.14 Llevan erguidas sus cervices, y enhiestas sus cabezas; sí, y a causa del orgullo, maldades, abominaciones y fornicaciones, todos se han extraviado, salvo unos pocos que son los humildes servidores de Cristo; sin embargo, son guiados de tal manera que a menudo yerran por haber sido enseñados por los preceptos de los hombres.-

53 JACOB (mormón) Cap. I v.15 Y aconteció que el pueblo de NEFI, bajo el reinado del segundo rey, empezó a ser duro de corazón y a entregarse algo a prácticas inicuas, deseando tener muchas esposas y concubinas, ... así como David en la antigüedad, y también Salomón, su hijo.

Cap. II v.23 Mas la palabra de Dios me agobia a causa de vuestros delitos más vergonzosos. Porque he aquí, dice el Señor: Este pueblo empieza a hacerse inicuo; no entiende las Escrituras, porque trata de justificar sus fornicaciones, a causa de lo que se escribió acerca de David y su hijo Salomón.

24.He aquí, David y Salomón en verdad tuvieron muchas esposas y concubinas, cosa que para mí fue abominable, dice el Señor.

27. Por tanto, hermanos míos, oídme y escuchad la palabra del Señor: Pues entre vosotros ningún hombre deberá tener sino una esposa; y concubina no tendrá.

28. Porque yo, el Señor Dios, me deleito en la castidad de las mujeres. Y las fornicaciones son abominación para mí; así dice el Señor de los Ejércitos.

33. Porque no llevarán cautivas a las hijas de mi pueblo, a causa de su ternura, sin que yo los visite con una terrible maldición, aun hasta la destrucción; porque no cometerán fornicaciones como los de la antigüedad, dice el Señor de los Ejércitos.

35. He aquí, habéis cometido mayores iniquidades que nuestros hermanos los lamanitas. Habéis quebrantado los corazones de vuestras tiernas esposas y perdido la confianza de vuestros hijos por los malos ejemplos que les habéis dado; ... JACOB (mormón) Cap. III v.12 Y yo, Jacob, hablé muchas otras cosas al pueblo de Nefi, amonestándolo contra la fornicación, la lascivia y toda clase de pecados, declarándole sus terribles consecuencias.-

54 MOSIAH Cap. XI v.14 Y sucedió que entregó el corazón a sus riquezas; y pasaba su tiempo en vivir desenfrenadamente con sus esposas y concubinas; ...

Cap. XIII v.22   No cometerás adulterio.   No robarás.

Cap. XVI v.10 ... y todos serán llevados ante el tribunal de Dios para ser juzgados por Él, según sus obras, ya fueren buenas o malas.

v.11   Si fueren buenas, a la resurrección de una vida eterna y felicidad, si fueren malas, a la resurrección de una condenación eterna, y son entregados al diablo que los sujetó, lo que es la condenación:

v.12   Pues se fueron tras sus propias voluntades y deseos carnales;" ... -

En el LIBRO DE ALMA, Cap. XXXIX se citan las tres cosas que son más abominables que todos los pecados: primero, Negar al Espíritu Santo; segundo, derramar sangre inocente; y tercero, la fornicación.

ALMA Cap. XVI v.18 "Y los sacerdotes que salieron de entre la gente predicaron contra toda clase de mentiras, engaños, envidias, contiendas, malicia y vituperios; contra el hurto, el robo, el pillaje, el asesinato, el adulterio y toda lujuria, proclamando que tales cosas no debían existir;

Cap. XXIII v.3   Para que así pudieran salir a predicar la palabra según sus deseos; porque el rey se había convertido al Señor con toda su casa; por tanto, envió su proclamación a su pueblo por todo el país, a fin de que la palabra de Dios no fuese obstruida, sino que pudiera extenderse por todas partes, para que su pueblo pudiera convencerse de las inicuas tradiciones de sus padres, y reconocieran que todos ellos eran hermanos, y que no debían matar, ni robar, ni cometer adulterio, ni ninguna otra iniquidad.

Cap. XXXIX v.3 Y no es todo, hijo mío. Hiciste lo que para mí fue penoso; porque abandonaste el ministerio y te fuiste al país de Sirón, en las fronteras de los lamanitas, tras la ramera Isabel.

v.4 Sí, ella se conquistó el corazón de muchos, pero no era excusa para ti, hijo mío. Tú deberías haber atendido al ministerio que se te había confiado.

v.5 ¿No sabes tú, hijo mío, que estas cosas son abominables a los ojos del Señor; sí, más abominables que todos los pecados, salvo derramar sangre inocente o negar al Espíritu Santo?

v.9 Hijo mío, quisiera que te arrepintieses y abandonases tus pecados, y no te dejases llevar por las concupiscencias de tus ojos, sino que te abstuvieras de todas estas cosas; porque a menos que hagas esto, de ningún modo podrás heredar el reino de Dios.

v.11 No te dejes llevar de la locura o la vanidad; no permitas que el diablo incite tu corazón otra vez en pos de esas inicuas rameras. He aquí, hijo mío, cuán gran iniquidad has causado a los zoramitas; porque al observar ellos tu conducta, no quisieron creer en mis palabras.

55 HELAMAN Cap. VIII v.26 Sí, aun ahora mismo, a causa de vuestros asesinatos, vuestras fornicaciones y vuestros crímenes, 0s estáis madurando para la eterna destrucción; sí, y os sobrevendrá pronto a menos que os arrepintáis.-

3 NEFI Cap. XII v.27 He aquí, fue escrito por los antiguos: No cometerás adulterio; 28 Mas yo os digo que quien mirare lascivamente a una mujer, ya ha cometido adulterio en su corazón.

29 He aquí, que os doy el mandamiento de no permitir que ninguna de estas cosas entre en vuestro corazón.

31 Ha sido escrito, que quien repudiare a su esposa, le dé carta de divorcio.

32 En verdad, en verdad os digo que el que repudiare a su esposa, salvo por causa de fornicación, hace que ella cometa adulterio; y quien se casare con la divorciada, comete adulterio.-

56 4 NEFI Cap. XXX v.2 ¡Tornaos, todos vosotros los gentiles, de las vías de maldad; y arrepentíos de vuestras obras malas, de vuestras mentiras y engaños, de vuestras fornicaciones, abominaciones secretas, idolatrías, asesinatos, supercherías sacerdotales, envidias, contiendas y todas vuestras iniquidades y abominaciones, y venid a mí, y bautizaos en mi nombre para que recibáis la remisión de vuestros pecados, y seáis llenos del Espíritu Santo, para que seáis contados entre los de mi pueblo que son los de la casa de Israel!.-

MORMÓN Cap. IX v.28 Sed prudentes en los días de vuestra probación; despojaos de toda impureza; no pidáis para satisfacer vuestras concupiscencias, sino pedid con inquebrantable resolución, para que no os sujetéis a ninguna tentación, sino que podáis servir al verdadero Dios viviente."-

UNA VIDA CORRECTA PARA CON LOS DEMÁS, NO ES SUFICIENTE PARA LOGRAR SALVACIÓN, TAMBIÉN SE DEBE SER DIGNO ANTE UNO MISMO.

57   ETER Cap .X v.5 "Y ocurrió que Riplákish no hizo lo recto a los ojos del Señor, porque tuvo muchas mujeres y concubinas; ...
11   Y obró rectamente con el pueblo, mas no consigo mismo por motivo de sus muchas fornicaciones; por tanto, fue desechado de la presencia del Señor.-

MORONI Cap. IX v.9 Mas no obstante esta grande abominación de los lamanitas, no excede a la de vuestro pueblo en Moriántum. Pues he aquí, muchas de las hijas de los lamanitas han caído en sus manos; y después de privarlas de lo que es más caro y precioso que todas las cosas, que es la castidad y la virtud,..."-

58

La faz de ISTAR, diosa del amor, está cubierta por un velo con esta inscripción:
"Aquel que levante mi velo, perecerá

59

"El ascetismo es incompatible
con los deberes de la familia;
los profetas errantes no tenían mujeres;
la familia es el mundo y el misticismo el desierto.
"

del "LIBRO DE LOS ESPLENDORES"
de ELIPHAS LEVÍ

60 *Leamos ahora*

"REFLECTIONS ON HINDUISM" by SWAMI
YATISWARANANDA.
Bharat Sevashram Sangha - 211 Rasbehari
Avenue, Calcutta – 19 India. 1969.

Veamos en la introducción de este libro, la
importancia que se le da a la continencia:
... "En la época del MAHABHARATA (epopeya
védica) los ideales religiosos y morales fueron
puestos en práctica por muchos reyes.
En la época histórica del rey ASOKA,
VIKRAMADITYA y HARSHNARDHAN

mantuvieron la gloriosa tradición intacta, entera. Poniendo de manifiesto esta cultura y tradición de la India, a través de las edades. SANGHA-LORD A.S.S. PRANAVANANDAJI MAHARAJ expresó con potente voz: "¡INDIA! no olvides que eres la creación de santos y videntes, vuestras instituciones religiosas y sistemas sociales fueron creados por el suprahumano intelecto de los RISHIS (sabios inspirados).

Todos y cada uno de los detalles de vuestros ritos religiosos y observancias, deberes sociales y responsabilidades fueron determinados y ordenados por los Rishis.

RENUNCIACIÓN, AUTOCONTROL, CONTINENCIA Y DEVOCIÓN A LA VERDAD SON LOS IDEALES UNIVERSALES DE VUESTRA "SANATAN DHARMA" (el orden eterno), MANTENEOS EN ESOS IDEALES AUN ESTANDO AL BORDE DE LA MUERTE, EN EL CASO DE UNA CAÍDA, VUESTRA RESURRECCIÓN ES MÁS SEGURA QUE NINGUNA OTRA COSA."-

Cap. II RASGOS CARACTERÍSTICOS DEL HINDUISMO.

... "Un SADHAKA hindú (aspirante espiritual) logra BRAHMA-JNANA (conocimiento del Supremo) e iluminación espiritual mediante su curso gradual de prácticas religiosas de autocontrol y control-sensorio.

No hay real paz en el disfrutar de objetos sensuales y en mundanos placeres. LA PAZ REAL Y PERMANENTE ES ESTUPENDO SILENCIO

DEL ALMA INMORTAL INTERNA, y se logra solamente mediante Renunciación y Continencia.

El placer derivado del contacto de más y más cosas mundanas es ilusorio y momentáneo. Está mezclado con aflicción y ansiedad. Si se satisface el deseo sensual mediante el contacto de los sentidos con los objetos sensuales, nunca se conseguirá paz ni felicidad. Ese deseo volverá después de algún tiempo con velocidad y magnitud redobladas.

Así, si se desea tener paz permanente, ha de retirarse la mente del universo objetivo y viviráse en el divino contacto de Dios.

Renunciación, Continencia, Verdad y Celibato son los grandes pilares sobre los cuales se ha asentado el edificio de la religión Hindú.-

61 Cap. IV LA SOCIEDAD HINDÚ. LOS CUATRO ASHRAMS O PLANOS DE VIDA.

a) BRAHMACHARYA O VIDA DE ESTUDIANTE.

... En aquellos tiempos los estudiantes eran llamados Brahmacharya. Tenían que vivir una vida de control de los sentidos y continencia, dedicados al estudio de las artes y de las ciencias.

... Debían atravesar una vida dura de restricción y austeridad. Las niñas, al igual que los varones, tenían también que pasar por tal vida austera de autocontrol y continencia, incluyendo el estudio de las escrituras y trabajo corporal.-

b) GARHASTHYASHRAM O VIDA FAMILIAR.

El estudiante, una vez que volvía a su hogar, era autorizado a casarse con el permiso de su Gurú (maestro). Entonces comenzaba a desempeñar su responsabilidad como amo de casa. El matrimonio era un deber sagrado.

En el Hinduismo, la institución del matrimonio no significa gratificación sensual. Es un código de castidad, armonía y autosujeción para lograr el más elevado propósito de la vida humana.-

62 LAS CUATRO FINALIDADES DE LA VIDA HUMANA

b1)... respecto de Kama o fuerza sexual, los hindúes tienen una elevada idea de su aplicación, es tan sólo para perpetuar la corriente de vida y la raza en este mundo.

El esposo y la esposa se unirán físicamente dentro de los días limitados prescritos por nuestros Sastras (tratado religioso) para dar nacimiento a una buena criatura.

La gratificación sexual sin su verdadera necesidad de progenie no es más que prostitución. Las mujeres no han sido creadas para desempeñar una función bestial con su cuerpo. Por otra parte, ellas deben ser consideradas y respetadas como a la verdadera madre de este universo.

El comportamiento del esposo con su esposa debe ser de naturaleza divina.

... Cada esposo y esposa debe recordar que ninguno de ellos tiene el derecho de comportarse caprichosamente con el sexo.

El niño que nace por la lujuria seguramente será malo, perverso y demoníaco. Nuestro país ha llegado a ser un caldero de creciente terror por la producción de tales brutos, y así estamos multiplicando la fuerza policial para mantenerlos controlados. Es lamentablemente cierto que el noventa y nueve por ciento de padres y madres en la actualidad no cumplen con los principios del uso del sexo. Ellos tienden a considerarse como saludables animales y no como seres espirituales.

El instinto sexual es eterno y así permanecerá, pero el hombre debe reformarse con respecto a su aplicación de acuerdo con las reglas y preceptos de nuestras escrituras. Y si no es capaz de purificar y sublimar su deseo sexual, nuestro mundo entrará nuevamente en otra EDAD OSCURA".-

63 *Edad de oscurantismo, EDAD DE HIERRO, KALI YUGA, de máximo alejamiento de Dios, lo que significa estar bajo las potestades demoníacas, con todas sus consecuencias nefastas.*

Según el calendario que nos transmitiera MANÚ, la edad oscura, que tiene una duración de mil años más cien años antes y cien años después de transición, está a una distancia temporal de la Divinidad, de unos doce mil años. Es decir, una vez transcurrida la edad oscura, KALI YUGA, faltan aún por recorrer DWAPARA YUGA de dos mil cuatrocientos años de duración, período en el que tiene lugar el DESARROLLO INTELECTUAL. TRETA YUGA, de tres mil seiscientos años, período de DESARROLLO MORAL. Y SATYA o KRITA YUGA en el que el DESARROLLO ESPIRITUAL culmina a los cuatro mil ochocientos años.

Éste es el momento de decidir por el camino recto indicado por la vara de laurel del caduceo, o demorarse en la sinuosa vía de la sierpe.-

Continuemos con "REFLECTIONS ON HINDUISM".
"Cap. V   Diferentes sectas religiosas. SADHUS (ascetas) y SANNIASYNS (ascetas apartados del mundo).

"En cada religión encontramos una clase de personas que practican penitencia, meditación, austeridad, adoración, y solitarios sin ataduras familiares ni conexiones hereditarias.
Según los casos se los llama: 'SANNYASI' en el HINDUISMO,   'BHIKSHUS'   en   el BUDDHISMO, 'FAKIRES' en el   ISLAM, 'DERVICHES' en el SUFISMO, y 'OBISPOS' en el CRISTIANISMO.
Si esta clase de renunciantes desapareciera, causaría gran perjuicio a las actividades religiosas de todo el mundo.
Son personas satisfechas, con alto grado de pureza y celibato, con vocación para servir a la sufriente humanidad."-

64 *Si atendemos a lo que significa BRAHMACHARYA, veremos que coincide con I ª EPÍSTOLA DE JUAN,   III:9; con EVANGELIO DE S. FELIPE; con EVANGELIO DE TACIANO; con EVANGELIO DEL PSEUDO-MATEO:*
Pero MARÍA respondió: "Se honra a Dios por la castidad, ante todo, como es muy fácil de probar".-

"Cap. XIII BRAHMACHARYA o continencia..

"Brahmacharya literalmente significa vivir absorbido en el pensamiento de BRAHMAN (DIOS). Como el hombre no puede fijar su mente en Brahman, a no ser que ahuyente de su mente los bajos pensamientos de pasión y lujuria, así, Brahmacharya significa por extensión la preservación del semen, que es fuente de energía, fortaleza, poder y virilidad. Es energía cristalizada.

... Todas nuestras escrituras, grandes videntes y santos han encomiado grandemente la necesidad de completa Brahmacharya (castidad).

Nuestros SHASTRAS (tratados religiosos) dicen: Brahmacharya es la más importante de todas las austeridades.-

65 Cap. XVI EL SENDERO DE LA DEVOCIÓN. BHAKTI YOGA.

... el sentimiento que se expresa para satisfacer la atracción física, mental o

sensual, se denomina pasión o lujuria, y el que se hace por satisfacción de Dios se conoce como amor Divino.

SHRI CHAITANYADEV dijo: "El amor por actividades de propio interés es pasión, el amor por Dios es devoción."

Se dice que donde hay lujuria no mora Dios, y donde mora Dios, la lujuria desaparece. Ambos no pueden ir juntos. Por ello, el 'BHAKTI-YOGUI' transforma su amor mundano en divino amor por Dios.

En nuestra literatura hindú podemos encontrar profusión de casos de transformación de esta índole. Así por ejemplo: TULSIDAS, el famoso escritor del HINDI RAMAYANA   tenía apego pasional por su esposa, pero tuvo una conversión espiritual cuando aprendió de su esposa que él podía tener la visión de Dios si el apego y el amor lo volvía a Dios."-

66

...
¡Ay, qué larga es esta vida,
Qué duros estos destierros,
Esta cárcel y estos hierros
En que el alma está metida!
Sólo esperar la salida
Me causa dolor tan fiero,
Que muero porque no muero.
...

SANTA TERESA DE JESÚS

ROMANCE DE FONTEFRIDA.

...

-- Si tú quisieses, señora,
yo sería tu servidor.

--Vete de ahí, enemigo,
malo, falso, engañador,
que ni poso en ramo verde,
ni en prado que tenga flor;
que si el agua hallo clara,
turbia la bebía yo:
que no quiero haber marido,
porque hijos no haya, no:
no quiero placer con ellos,
ni menos consolación

...

68 *Cuando* **LEÓN TOLSTOI** *escribió su novela "SONATA A KREUTZER", la sociedad rusa reaccionó enérgicamente contra él. Mucha gente le escribió diciéndole que no habían llegado a comprender el motivo de tal novela exponiendo las sensuales costumbres de la sociedad corrupta. Responde Tolstoi con su comentario del que a continuación transcribimos una parte:*

... "En primer lugar, he querido decir que en nuestro mundo existe la convicción, común a todas las clases sociales, y apoyada por la ciencia errónea, de que las relaciones sexuales son necesarias para la salud y que, puesto que el matrimonio no es siempre posible, las relaciones sexuales fuera de éste, en las que el hombre no tiene más que una obligación, la de pagar, son naturales y, por tanto, deben ser estimuladas.

Esta convicción ha llegado a ser tan general e indiscutible, que incluso los padres mismos, aconsejados por los médicos, organizan el libertinaje de sus hijos. Los gobiernos, cuyo único objetivo debería consistir en la prosperidad moral de los ciudadanos, hacen que el libertinaje tenga fuerza de institución, es decir, reglamentan una casta de mujeres, que se pierden física y moralmente, para satisfacer las necesidades imaginarias de los hombres. Y los solteros se entregan al libertinaje con la conciencia tranquila.

He querido hacer comprender que eso no está bien. Es inconcebible que para preservar la salud de unos se sacrifiquen los cuerpos y las almas de otros, lo mismo que no es posible que unos beban la sangre de otros para mantenerse sanos.

La conclusión natural es que no se debe ceder a ese error, a esa mentira. En primer lugar, es preciso no dar fe a doctrinas inmorales, sean cuales fueren las ciencias falsas que las apoyan; en segundo, se trata de comprender que el hecho de tener relaciones sexuales cuyas posibles consecuencias –los hijos-suelen descuidarse, a menos que todo ese peso recaiga sobre la mujer o se evite la posibilidad de concebir, constituyen un crimen contra las exigencias más elementales de la moral y son una auténtica cobardía.

69 Los hombres solteros que no quieran ser cobardes no deben obrar así. Para llegar a la continencia, no sólo debe llevar una vida regular, sino también no beber ni atiborrarse de comida, procurar no comer carne y trabajar (no me refiero a la gimnasia, sino a un trabajo real que produzca cansancio).
Ni siquiera debe admitirse la posibilidad de unas relaciones carnales con las mujeres de otros, lo mismo que no se admite respecto de la madre, de las hermanas, ni de las mujeres de los amigos.
En torno suyo, cada hombre puede encontrar centenares de pruebas de que la continencia es posible y menos peligrosa para la salud que la incontinencia. ÉSTA ES MI PRIMERA CONCLUSIÓN.

Debido a que nuestra sociedad considera las relaciones amorosas no sólo como un placer y un beneficio para la salud, sino también como algo muy elevado y poético, la infidelidad conyugal ha llegado a ser un fenómeno corriente en todas las clases sociales.

A mi juicio, esto no está bien. No se debe obrar así. Es preciso, pues, que cambie el concepto sobre el amor sexual; ... Deben comprender que es un estado de bestialidad degradante, tanto antes como después de casarse.

El quebrantamiento de la promesa de fidelidad que se hace al contraer matrimonio debería ser condenado por la opinión pública, lo mismo que un incumplimiento de las obligaciones pecuniarias, o un fraude comercial, en lugar de ser ensalzado, como se hace ahora, en las novelas, poemas, canciones, óperas, etc. ÉSTA ES MI SEGUNDA CONCLUSIÓN.-

70 Debido a la idea falsa que tiene nuestra sociedad del amor sexual, el nacimiento de los hijos ha perdido su verdadero sentido. En lugar de ser la finalidad y la justificación de las relaciones conyugales, se ha convertido en un obstáculo para continuar los agradables retozos amorosos. De esto resulta que, tanto en el matrimonio como fuera de él –con el consejo de los servidores de la ciencia médica- se propaga el empleo de los medios que privan a la mujer de la posibilidad de tener hijos. Además, se implanta una costumbre que no ha existido jamás ni existe en las familias patriarcales de nuestros campesinos: la continuación de las relaciones conyugales durante el embarazo y la crianza.

Opino que esto también es un mal. No se debe recurrir a los medios que evitan la concepción porque liberan de la preocupación de los hijos –lo único que justifica el amor sexual- y porque este acto es el que más se acerca a una cosa contraria a la conciencia humana: el asesinato. No está bien seguir las relaciones sexuales durante el embarazo y la lactancia porque agotan las fuerzas morales de la mujer. Se trata de comprender que la continencia, que constituye una convicción 'sine qua non' de la dignidad del soltero, es aun más indispensable en el matrimonio. ÉSTA ES MI TERCERA CONCLUSIÓN.-

71 ... Los trajes, las lecturas, los espectáculos, las golosinas, la música, el ambiente, empezando por los dibujos de las cajas de bombones y acabando por las novelas, relatos y poemas, todo excita aun más la sensualidad.

... Es imposible no admitir estas teorías; en primer lugar, porque están de acuerdo con el progreso de la Humanidad, ya que la conciencia humana repudia el libertinaje y quiere alcanzar la pureza y, además, porque son preceptos de los Evangelios. Aun cuando no los sigamos, reconocemos −al menos inconscientemente- que son la base de toda moral.

... no hay discusión en cuanto al hecho de que la castidad es preferible al libertinaje.

... La idea de que la raza humana dejaría de existir si los hombres aspirasen a la castidad se parece a la que afirma (cosa que se ha hecho) que la humanidad desaparecería si, en lugar de luchar por la existencia, los hombres dedicasen todos sus esfuerzos a amar todo lo que vive, incluso a sus enemigos.

72 ... Como en la verdadera doctrina cristiana no se ha establecido ninguna regla para instituir el matrimonio, resulta que los hombres de nuestro mundo han abandonado una orilla, pero no han puesto el pie en la otra. De hecho no cree en la definición del matrimonio dado por la Iglesia y, como no conocen el ideal de Cristo –aspirar a una abstinencia total-, se encuentran frente al matrimonio sin un principio que los dirija.

... entre nosotros reina un libertinaje completo: la poligamia y la poliandria ocultas bajo una supuesta monogamia. Se cree, ingenua o hipócritamente, que vivimos en monogamia por una simple ceremonia que ha tenido lugar en la iglesia.

El ideal cristiano estriba en el amor a Dios y al prójimo. El amor carnal, el matrimonio, en servir al propio yo. Por tanto, está en contradicción con servir a Dios y al prójimo. Desde el punto de vista cristiano, esto es pecado.

Incluso si la gente que contrae matrimonio tuviese por objetivo la perpetuación de la raza, no serviría a Dios. En lugar de casarse para tener hijos, deberían mantener a los niños que viven ya y perecen en torno de ellos, no sólo por falta de alimento espiritual, sino también material.

73 Un cristiano sólo puede contraer matrimonio sin cometer pecado en el caso de saber que todos los niños que existen tienen la vida asegurada.

Pueden no aceptar las enseñanzas de Cristo que, sea como fuere, inspiran nuestra vida y sirven de base a nuestra moral; pero si se aceptan, hay que admitir que el ideal es la castidad absoluta.

En primer lugar, los Evangelios dicen claramente, sin que haya posibilidad a otra interpretación, que un hombre no puede separarse de su mujer para tomar otra (San Mateo, V:31,32); en segundo, que es pecado para el hombre casado, e incluso para el soltero, ver en la mujer un instrumento de placer (San Mateo, V:28,29); en tercer lugar, que el soltero haría mejor no casándose y observando la castidad (San Mateo, XIX:10,12).

Estos razonamientos son... obligatorios para quienes siguen las enseñanzas de Cristo.

... Por lo general, se razona del modo siguiente: El ideal de Cristo es inaccesible, y por esta causa no puede guiarnos en la existencia. Es posible soñar con ese ideal y hablar de él; pero como es incompatible con las exigencias de la vida, hay que abandonarlo.

No necesitamos un ideal, sino una reglamentación que seamos capaces de seguir y que esté de acuerdo con nuestro nivel moral: un modesto matrimonio por la Iglesia. ... un matrimonio con posibilidad de divorcio; ... para un plazo determinado. ¿Por qué no llegar de este modo hasta las casas de tolerancia?

Se dice que es mejor que la prostitución de la calle.

La desgracia está en que, al querer rebajar el ideal, no se puede fijar el límite de la degradación.

Es injusto pensar que el ideal de la perfección en el infinito no puede servirnos de guía y que debemos abandonarlo o rebajarlo al nivel de nuestra flaqueza.

74 ... EL IDEAL DE LA PERFECCIÓN DADO POR CRISTO NO ES UN SUEÑO NI UN OBJETO DE PREDICCIONES RETÓRICAS, SINO UNA GUÍA PARA LA VIDA MORAL, ACCESIBLE Y NECESARIA PARA TODOS,...

Lo único que hace falta es tener fe.

... Sea cual fuere la situación de un hombre, las enseñanzas de Cristo bastarán para indicarle los actos que debe o no llevar a cabo.

... Todo hombre tiene siempre posibilidad de acercarse al ideal; no existe situación alguna en que pueda decirse que ha alcanzado la perfección y le sea imposible mejorarse.

Lo mismo ocurre con la aspiración al ideal cristiano, en general, y a la castidad, en particular.

... ¿Cómo deben vivir un joven casto y una muchacha pura?

Se preservarán de las tentaciones y, a fin de consagrar sus fuerzas al servicio de Dios y el prójimo, aspirarán siempre a una mayor pureza en sus pensamientos y deseos.

... ¿Qué deben hacer un marido y una mujer que cumplen las obligaciones de criar y educar a sus hijos?

Procurar liberarse de la tentación, purificarse y sustituir su pecado, que les impide servir a Dios, por unas relaciones puras y un afecto fraternal.

No es cierto que no podemos inspirarnos en el ideal de Cristo por ser perfecto, inasequible, demasiado elevado.

Si no podemos, es porque nos engañamos a nosotros mismos.

... Tomad como ideal la castidad; considerad que toda caída, sea con quien fuere, constituye un matrimonio único e indisoluble, y veréis claramente que las normas dadas por Cristo son suficientes y las únicas posibles."-

75

La · unión de lo incompatible·: nupcias del agua y el fuego. Las dos figuras tienen cuatro manos cada una como símbolo de su mucho poder.(Según una representación india)

" Aquel que encuentra su felicidad en su interior,
que reposa solamente en su vida interna,
que tiene la luz en su interior, ese Yogui,
siendo uno con su naturaleza,
alcanza la unidad con Brahman (Dios)."-

De "EL BHAGAVAD GUITA DE ACUERDO A
GANDHI"

77 EXPRESIONES BÍBLICAS EN APOYO DE LEÓN TOLSTOI

JEREMÍAS III:2 Alza tus ojos a las alturas, y ve en qué lugar no te hayas prostituido. Junto a los caminos te sentabas para ellos como árabe en el desierto, y con tus fornicaciones y con tu maldad has contaminado la tierra.

v.3 Por esta causa las aguas han sido detenidas, y faltó la lluvia tardía; y has tenido frente de ramera, y no quisiste tener vergüenza.

v.8 Ella vio que por haber fornicado la rebelde ISRAEL, yo la había despedido y dado carta de repudio; pero no tuvo temor la rebelde JUDÁ su hermana, sino que también fue ella y fornicó.

v.9 Y sucedió que por juzgar ella cosa liviana su fornicación, la tierra fue contaminada, y adulteró con la piedra y con el leño.-

I CORINTIOS VI:9 ¿No sabéis que los injustos no heredarán el reino de Dios? No erréis; ni los fornicarios, ni los idólatras, ni los adúlteros, ni los afeminados, ni los que se echan con varones,

v.10 ni los ladrones, ni los avaros, ni los borrachos, ni los maldicientes ,ni los estafadores, heredarán el reino de Dios.

v.13 Las viandas para el vientre, y el vientre para las viandas; pero tanto al uno como a las otras destruirá Dios. Pero el cuerpo no es para la fornicación, sino para el Señor, y el Señor para el cuerpo.

v.18 Huid de la fornicación. Cualquier otro pecado que el hombre cometa, está fuera del cuerpo; mas el que fornica, contra su propio cuerpo peca.-

I CORINTIOS VII:1 En cuanto a las cosas de que me escribisteis, bueno le sería al hombre no tocar mujer;
v. 2 pero a causa de las fornicaciones, cada uno tenga su propia mujer, y cada una tenga su propio marido.-

78 II CORINTIOS XII:21 que cuando vuelva, me humille Dios entre vosotros, y quizá tenga que llorar por muchos de los que antes han pecado, y no se han arrepentido de la inmundicia y fornicación y lascivia que han cometido.-

GÁLATAS V:16 Digo, pues: Amad en el Espíritu, y no satisfagáis los deseos de la carne.
v.17 Porque el deseo de la carne es contra el Espíritu, y el del Espíritu es contra la carne; y éstos se oponen entre sí, para que no hagáis lo que quisiereis.
v. 18 Pero si sois guiados por el Espíritu, no estáis bajo la ley.
v .19 Y manifiestas son las obras de la carne, que son: adulterio, fornicación, inmundicia, lascivia,
v .20 idolatría, hechicerías, enemistades, pleitos, celos, iras, contiendas, disensiones, herejías,
v.21 envidias, homicidios, borracheras, orgías, y cosas semejantes a éstas; acerca de las cuales os amonesto, como ya os lo he dicho antes, que los que practican tales cosas no heredarán el reino de Dios.

79 EFESIOS V:3 Pero fornicación y toda inmundicia o avaricia, NI AUN SE NOMBRE ENTRE VOSOTROS, como comviene a santos;

v.4 NI PALABRAS DESHONESTAS, NI NECEDADES, ni truhanerías, que no convienen, sino antes bien acciones de gracias.
v.5 Porque sabéis esto, que ningún fornicario, o inmundo, o avaro, que es idólatra, tiene herencia en el reino de Cristo y de Dios.-

COLOSENSES III:5 Haced morir, pues, lo terrenal en vosotros: fornicación, impureza, pasiones desordenadas, malos deseos y avaricia, que es idolatría;
v.6 cosas por las cuales la ira de Dios viene sobre los hijos de desobediencia, -

80 I TESALONICENSES IV:2 Porque ya sabéis qué instrucciones os dimos por el Señor Jesús;
v.3 pues la voluntad de Dios es vuestra santificación; que os apartéis de fornicación;
v.4 que cada uno de vosotros sepa tener su propia esposa en santidad y honor;
v.5 no en pasión de concupiscencia, como los gentiles que no conocen a Dios; -

I TIMOTEO I:8 Pero sabemos que la ley es buena, si uno la usa legítimamente;
v.9 conociendo esto, que LA LEY NO FUE DADA PARA EL JUSTO, sino para los transgresores y desobedientes, para los impíos y

pecadores, para los irreverentes y profanos, para los parricidas y matricidas, para los homicidas,

v.10 para los fornicarios, para los sodomitas, para los secuestradores, para los mentirosos y perjuros, y para cuanto se oponga a la sana doctrina,

v.11 según el glorioso evangelio del Dios bendito, que a mí me ha sido encomendado.-

81 JUDAS APÓSTOL v.5 Mas quiero recordaros, ya que una vez lo habéis sabido, que el Señor, habiendo salvado al pueblo sacándolo de EGIPTO, después destruyó a los que no creyeron.

V.6 Y a los ángeles que no guardaron su dignidad, sino abandonaron su propia morada, los ha guardado bajo oscuridad, en prisiones eternas, para el juicio del gran día;

v.7 como Sodoma y Gomorra y las ciudades vecinas, las cuales de la misma manera que aquéllos, habiendo fornicado e ido en pos de vicios contra naturaleza, fueron puestas por ejemplo, sufriendo el castigo del fuego eterno.-

APOCALIPSIS II:14 (mensaje a PÉRGAMO) Pero tengo unas pocas cosas contra ti: que tienes ahí a los que retienen la doctrina de BALAAM, que enseñaba a BALAC a poner tropiezo ante los hijos de ISRAEL, a comer de cosas sacrificadas a los ídolos, y a cometer fornicación.

XVII:1 Vino entonces uno de los siete ángeles que tenían las siete copas, y habló conmigo diciéndome: Ven acá, y te mostraré la sentencia contra la gran ramera, la que está sentada sobre muchas aguas;

v.2 con la cual han fornicado los reyes de la tierra, y los moradores de la tierra se han embriagado con el vino de su fornicación.

XVIII:2 Y clamó con voz potente, diciendo: Ha caído, ha caído la gran BABILONIA, y se ha hecho habitación de demonios y guarida de todo espíritu inmundo, y albergue de toda ave inmunda y aborrecible.
v.3 Porque todas las naciones han bebido del vino del furor de su fornicación; y los reyes de la tierra han fornicado con ella, y los mercaderes de la tierra se han enriquecido de la potencia de sus deleites.
v.4 Y oí una voz del cielo, que decía: Salid de ella, pueblo mío, para que no seáis partícipes de sus pecados, ni recibáis parte de sus plagas;
v.5 porque sus pecados han llegado hasta el cielo, y Dios se ha acordado de sus maldades.

XXII:13 Yo soy el Alfa y la Omega, el principio y el fin, el primero y el último.
v.14 Bienaventurados los que lavan sus ropas, para tener derecho al árbol de la vida, y para entrar por las puertas en la ciudad.
v.15 Mas los perros estarán afuera, y los hechiceros, los fornicarios, los homicidas, los idólatras, y todo aquel que ama y hace mentira.
v.16 Yo, JESÚS, he enviado mi ángel para daros testimonio de estas cosas en las iglesias. Yo soy la raíz y el linaje de David, la estrella resplandeciente de la mañana.-

82   SABIDURÍA   IV:1 Mejor es carencia de hijos acompañada de virtud, pues hay inmortalidad en su recuerdo, porque es conocida de Dios y por los hombres; -

Oh, cuán hermosa es la generación casta con resplandor.
Esta lectura... es testigo de la tendencia de ver en el texto griego el elogio de la castidad, y ... de la virginidad.   ... oponiendo la esterilidad virtuosa a la fecundidad impía.

SABIDURÍA   III:13   Dichosa la estéril sin mansilla, la que no conoce lecho de pecado;

83

ERASMO A PUBLIO   de Rubén Darío

   ... No la pasión ni el desatado instinto
tus ojos cieguen, ni imprudente corras
   la perdición tal vez a prepararte.
   El ansia de los goces encamina
   terribles penas, afanosas luchas,
mancebo, a hallar tras el placer finido.
          ...
La red que amor para tornarte esclavo
   de mente y corazón tienda a tus ojos,

sabe evadir, y del prudente escucha
el sesudo consejo. Los placeres
tentadores serán, no los acojas.
El adobado vino que se escancia
de la bruñida copa, en lo agitado
de crespa orgía; incitador el seno
de meretriz locuaz, dan el deleite;
escúrrete del lazo, y del sentido
la loca agitación sano encadena,
sin escuchar, incauto, la salvaje
gritería que se alza de la turba
ahíta y embotada en libaciones
de torpe bacanal, que así se ríe
olvidada de Dios, de lo infinito
y de la eternidad...
¿Qué quieres que te diga, ¡oh caro Publio!,
sino que amor platónico es dolencia
de ingenua juventud? Bella es la vida;
y el núbil corazón que a hondos deseos
y a sentimientos ardorosos quiere
dar expansión, despéñase en el rudo
torrente de las frías realidades.

...

No te arrojes, por eso, a los placeres
de la sensualidad, ni ahogues en vino
el pesar que te cause el desengaño.

84

*Dijo JOSÉ INGENIEROS que llegará el día
en que la humanidad estará dividida en dos
clases sociales:
una se encargará del desarrollo de los
valores morales,
la otra, de la perpetuación de la especie.-*

84b

Muy meritorio es
estar apartado de la lujuria
y pensamientos viles,
que son muerte.

The tiching of Silvanus
Nag Hammadi.

85 N. SRI RAM *nos dice en su* "EL HOMBRE, SU ORIGEN Y EVOLUCIÓN". Adyar, Madrás, India:

...lo consideramos como un ángel caído, un dios que se ha proyectado a condiciones de materialidad y ha olvidado su santidad...
EL HOMBRE ES, pues, UN ÁNGEL CAÍDO, QUE EN SU CAÍDA TRAE consigo EL FUEGO DEL CIELO. ES PROMETEO (1) ATADO A LA TIERRA POR UN TIEMPO, y también un rayo o representante de Lucifer, el hacedor de Luz. Es una MÓNADA DIVINA caída en la materialidad, pero en su propio reino es una estrella centelleante de Luz, Vida y Fuego.
(1) Prometeo: el Logos griego que aportó el fuego divino (inteligencia y conciencia), dotó a los hombres de razón y entendimiento. Egos encarnados que hicieron a los hombres dioses latentes en lugar de animales.- Ve el porvenir.-

Cada ser humano individual es un peregrino espiritual cíclico, una MÓNADA ETERNA... producto de un par, ni siquiera es puramente una emanación, sino que ES UNA SECCIÓN DE UN SER ABSOLUTO; ella misma es un absoluto, aunque también puede considerársela en otro aspecto como un rayo del ESPLENDOR DIVINO. Es una chispa de la LLAMA ÚNICA que es el LOGOS; chispa que no se desprende de la LLAMA, sino que permanece en el cuerpo mismo de ELLA, al tiempo que cae en la materia.
Es una EVOLUCIÓN INTERMINABLE, cuyos efectos espirituales se acumulan en aquel cuerpo

imperecedero, tan viejo como los montes, el cuerpo de LUZ, el cual mora y yace dentro de la cubierta de sucesivas personalidades-sombras.

Todo cuanto hay aquí abajo es una sombra, porque la MATERIA misma TAL COMO LA CONOCEMOS ES UNA SOMBRA DEL ESPÍRITU.

La forma física del hombre no ha sido producida por el mero juego de factores físicos y sin una Inteligencia guiadora. Se ha derivado de un patrón o molde creado por ciertos Seres espirituales, quienes al hacer esto trajeron e incorporaron la FORMA tal como existe en el ARQUETIPO DIVINO. El cuerpo físico fue formado en torno a este modelo por entidades menores. *<Léase el Evangelio Cátaro del Pseudo-Juan, C.II y III. Párrafo 48.49>*

86 La MÓNADA INICIA SU CICLO DESCENDENTE HACIA LA MATERIA, DESDE LA ALTURA SUPREMA. Cae de un estado de gloria perfecta, de potencialidad pura, a un estado espiritual, luego a una condición de existencia psíquica que tiene los atributos del alma tal como la concebimos ordinariamente; y por último, cae en la condición física externa muy limitadora y estable, en donde la CONCIENCIA DESCENDENTE logra encontrar un anclaje satisfactorio...

En el curso de la evolución humana en el plano físico, y desde sus comienzos mismos, el acontecimiento importante que hizo tremendamente rápido el progreso subsiguiente, intensificando de muchos modos la tensión y el esfuerzo, complicando la vida pero también enriqueciéndola mucho, fue la separación en sexos. Sin esa separación, se hubieran evitado indudablemente muchos problemas.

87   El hombre ha perdido la integridad original de su ser; pero las fuerzas que están trabajando dentro de él, que están revolviéndose en él, no encontrarán nunca su equilibrio hasta que alcancen una integración perfecta de todo lo que él es. Esta integración no es un proceso mecánico por el cual dos cosas se juntan en cierta relación a fin de alcanzar cierto efecto o cooperación.   La integración es vital, es la creación de una unidad.
El hombre, por ahora, es una entidad que está parcialmente integrada y parcialmente en desintegración. Es una nube que oculta un arco iris de esperanza, pero que es casi toda gris oscura, porque el sol de su índole espiritual está oculto tras ella.
Tiene un caudal de iluminación cuya potencialidad para creaciones benéficas es por ahora insospechado. Pero antes de que esas creaciones sean posibles y vuelen como mundos de las manos de un arcángel, ese arcángel que es el hombre mismo como entidad espiritual -véase párrafo 142- tiene que organizar esa nube y aprender a actuar de una manera que revele su individualidad singular. La nube asumirá entonces su verdadera forma, la forma de la radiación y Ser del Hombre.

...el hombre es una figura central en la evolución. Es grande, contiene multitudes, según dice Walt

Whitman. Epitomiza todo cuanto existe en el sistema, tanto por el lado vida como por el lado forma. Las diversas formas arquetípicas, que en su variedad constituyen la base de los reinos animal, vegetal y mineral, son secciones de otra divinamente integrada que es el Hombre Celestial.-

(1) Léase párrafo 142

88

Mira, más allá, tú, hombre mortal,
y tal vez llegues a distinguir,
allá a lo lejos, detrás de cien picachos
que suben y se pierden... , más allá
de las sombras,
más allá de la noche, más allá de la nada,
la aurora rosa de un día inmortal
surgido de lo alto de los Cielos
sobre el Monte de la Visión.

de "La evolución biológica y
espiritual del hombre"
SIR OLIVER LODGE

89 *Leamos en "**TAO TE CHING"** de LAO TSE, Ediciones Orbis SA, Colección Historia del Pensamiento.*

En la Introducción encontramos:

Una de las acciones más reprobadas por el taoísmo es atentar contra la vida, arriesgándola o acortándola con esfuerzos que la debiliten y gasten. Lao tse aconseja no gastarla en consideraciones abstrusas; mantener siempre bien unida al cuerpo el alma espermática; no gastar mucho este humor para poder mantener el vigor vital, como un niño que conserva aún íntegro su esperma y, en él, su fuerza vital.

X a) ¿Puedes mantener tu principio vital abrazado a la "Unidad" (del TAO) sin apartarlo nunca?
b) ¿Puedes aunar tu "neuma" (tu materia corpórea) hasta lograr la blandura de un niño de pecho?
LV b) Tiene (el niño) los huesos blandos y los músculos flexibles. Agarra fuerte.
Ignora aún la unión de las hembras con los machos.
c)... Procrear mucho es infausto.

... Se comprende la importancia que en la escuela taoísta se da a la conservación del esperma.
El niño pequeño aún no ha gastado nada de la virtud natural con la que nació; conserva intacto su lote de Tao. (1)
El foco de la energía vital del Tao está en nuestro interior. Para que esta energía no se vaya por las

puertas de los sentidos es preciso tener cerradas estas puertas.

No hay que gastar esa virtud en menesteres dispendiosos.

I c) El que habitualmente carece de concupiscencia ve su maravilla.

La inteligencia del sabio, purificada de toda adherencia sensorial, remonta hasta la divinidad trascendente, mientras que el hombre vulgar no tiene ojos más que para ver lo sensible, los últimos destellos del Tao, que sacian sus groseras apetencias.-

(1) MATEO XVIII:3

De cierto os digo, que si no os volvéis y os hacéis como niños, no entraréis en el reino de los cielos.

LUCAS XVIII:17 y MARCOS X:15

De cierto os digo, que el que no reciba el reino de Dios como un niño, no entrará en él.-

Si brillaran juntos mil soles, casi parecerían el resplandor del Único Todopoderoso.-
SRI KRISHNA.-

90 *Continuemos con el tema sobre*

NUESTRA PRIMITIVA NATURALEZA LUMÍNICA .

Leamos en "THE FORGOTTEN BOOKS OF EDEN" - "THE FIRST BOOK OF ADAN AND EVE"

"Cap. IV v.9 Pero AHORA NO VEMOS COMO VEÍAMOS ANTES, NUESTROS OJOS SE HAN TORNADO DE LA CARNE, NO PUEDEN VER DE LA MISMA MANERA COMO VEÍAN.

v.10 Nuevamente dijo Adán a Eva: ¿Qué son nuestros cuerpos hoy, comparándolos con lo que eran en los primitivos tiempos, cuando morábamos en el JARDÍN?

Cap. X v.5 Dijo DIOS a ADÁN: Mientras estuviste bajo mi gobierno y eras ángel brillante de luz, no conocías esta agua.
v.6 Pero desde que desobedeciste mis mandamientos no puedes estar sin agua, para lavar tu cuerpo y hacerlo crecer; porque ahora tienes un cuerpo como el de las bestias, que necesitan agua.

Cap. XI v.9 ¡Oh, Eva! Recuerdas que cuando estábamos en el Jardín no conocíamos lo que era noche ni lo que era día.
v.10 Piensa, oh, piensa en aquel Jardín donde no había oscuridad mientras estuvimos en él.

Cap. XII v.7 Entonces Adán se levantó y dijo: Oh, Dios, ¿por qué la luz en nosotros se ha ido y estamos cubiertos de tinieblas? ...

v.9 Porque tanto tiempo como estuvimos en el Jardín no vimos ni supimos nada sobre oscuridad...

Cap.XIII v.2 Oh, Adán, mientras el buen ángel me obedeció, una luz brillante lo cubría...

v.3 Pero cuando desobedeció, lo privé de su naturaleza lumínica y tornóse oscuro.

v.9 Por Mi gracia te hice como eras. Cuando desobedeciste, oh, Adán, te saqué del Jardín y te puse en esta tierra para que habitaras en esta caverna; y la oscuridad cayó sobre ti tal como cayó sobre aquel que transgredió mis órdenes.

v.10 Así, oh Adán, esta noche te ha engañado. No durará siempre, sino doce horas. Cuando hayan transcurrido alumbrará la luz del día.

v.13 ...has pecado y transgredido... caído... de la luz a las tiniebla... del Jardín a esta tierra.

91 v.14 PORQUE TE HICE DE LUZ, Y MI VOLUNTAD ERA TRAER HIJOS DE LUZ DE TI.

v.15 Pero un día desobedeciste.

v.16 Entonces te ordené que no comieras del fruto del árbol. Supe que Satanás, que se engañó a sí mismo también a ti te engañaría.

EL PRIMER AMANECER

Cap.XVI   PRIMER AMANECER para Adán y
Eva.
Creyeron que era un fuego que venía a quemarlos.

v.2 Cuando vieron que la luz venía hacia ellos se estremecieron de miedo y fortalecieron sus corazones.

v.3 Entonces Adán se dirigió hacia la salida de la caverna. Cuando llegó allí y miró hacia el este vio al sol elevarse con brillantes rayos, y sintió su calor, sintió miedo y pensó que ese fuego venía a atormentarlos.

v.5 "Oh, Señor, no me castigues ni quites mi vida de la tierra."

v.6 Porque pensó que el Sol era Dios.

v.7 Mientras estuvo en el Jardín y oía la voz de Dios y los sonidos que producía y era temeroso de Dios, Adán jamás vio la brillante luz del sol ni su calor llegó a su cuerpo.

Cap. XXIII v.7 Pero cuando llegamos a esta tierra extraña ya no tuvimos puras alabanzas ni justas oraciones, ni comprensivos corazones, ni dulces pensamientos, ni acertados consejos, ni discernimiento, ni sentimientos elevados, ni se nos ha dejado nuestra brillante naturaleza. PERO NUESTRO CUERPO HA CAMBIADO DE LA SEMEJANZA EN QUE SE ENCONTRABA AL PRINCIPIO, CUANDO FUIMOS CREADOS.

"El Primer Padre Procreador
es llamado
'Adán, el Ojo de la Luz'
porque viene de la brillante Luz
con sus inmaculados ángeles,
inefables y libres de sombras."

de "SOPHIA OF JESUS CHRIST"
y de "EUGNOSTOS THE BLESSED"
NAG HAMMADI LIBRARY

94 XXXIV v.6 AL PRINCIPIO YO NO CONOCÍA LA NOCHE NI EL DÍA PORQUE POSEÍA UNA NATURALEZA LUMÍNICA. Tampoco la luz en la cual vivía en ningún instante me abandonó, por ello no supe lo que era noche ni lo que era día.

v.12 Además, cuando me ordenaste con respecto al ÁRBOL, yo no me estaba acercando a él ni me disponía a comer de su fruto. Eva no estaba conmigo, no la habías creado, no la habías sacado de mi lado, por lo que no pudo oír Tu mandato.

v.16 Y fue Tu voluntad, oh, Señor, hacernos a ambos con cuerpos de naturaleza luminosa. Y TÚ NOS HICISTE UNO. Y nos diste Tu gracia y nos llenaste con alabanzas del ESPÍRITU SANTO, de tal manera que no supiéramos de hambre ni sed, ni tampoco de penas, ni falta de caridad, ni sufrimiento, ni ayunos, ni cansancio.

v.17 Pero ahora, oh Dios, desde que transgredimos Tu mandato y quebramos con Tu ley nos trajiste a una tierra extraña que nos causa sufrimiento, falta de caridad, hambre y sed."-

95 *EL ORIGEN DE LA VESTIMENTA, según "THE FORGOTTEN BOOKS OF EDEN" se debió a las inclemencias del tiempo. La Biblia da como motivación la vergüenza.. Así lo glosa también LANZA DEL VASTO, en su libro "Las Cuatro Plagas", como ya vimos en párrafo 34.-*

"Cap. L Adán y Eva buscan con qué cubrirse.

v.1 ...y estuvieron orando todo el día hasta el anochecer.

v.2 Y esto tuvo lugar al final del día cincuenta de haber abandonado el Jardín .

v.3 Pero Adán y Eva se elevaron nuevamente y oraron a Dios en la caverna durante toda la noche pidiendo Su gracia.

v.4 Y cuando amanecía dijo Adán a Eva: Ven; vayamos y hagamos algo para nuestros cuerpos.

v.5 **...** nada encontraron para cubrirse... sus cuerpos estaban manchados y sobrecogidos por el frío y el calor.

v.6 Entonces Adán pidió a Dios que les mostrara algo para cubrir sus cuerpos.

v.7 En eso vino la PALABRA DE DIOS y le dijo: Oh, Adán, toma a Eva y ve hasta la playa donde antes ayunaron. Allí hallarán pieles de ovejas, cuya carne fue devorada por los leones. Tómenlas y háganse ropas y vístanse.

Cap. LII v.8 Y así fue que por orden de Dios se confeccionaron prendas para que se cubrieran Adán y Eva".

Las prendas fueron confeccionadas por el ángel, a la vista de Adán y Eva.-
La Biblia dice en Génesis III v.21 "Y Jehová Dios hizo al hombre y a la mujer túnicas de pieles, y los vistió".

v.10 Y esto ocurrió en el día cincuenta y uno.

v.11 Cuando Adán y Eva se hubieron cubierto, se pararon y oraron y pidieron gracia al Señor, y perdón, y Le agradecieron porque Él había derramado Su gracia en ellos y había cubierto sus desnudeces.-

96 Cap. LXIV v.4 Entonces se sentaron a comer los higos, pero no sabían cómo hacerlo, nunca habían comido alimento de la tierra.

v.9 Y éste fue el final del día ochenta y tres.-

Cap. LXXI v.5 Dice Adán a Eva: Si viste lo que hice, no lo digas, porque he pecado contra Dios al jurar por Su gran nombre y haber puesto mi mano en otros tiempos, en la mano de Satanás...

v.6   Entonces Adán se levantó y extendió sus manos hacia Dios suplicando y rogándole, con lágrimas, que le perdonara lo que había hecho.   Y así permaneció Adán de pie orando durante cuarenta días y cuarenta noches.   Sin comer ni beber, hasta que cayó en tierra por hambre y sed.

v.8   Pero Adán lloraba y decía: Oh, Dios, perdóname, porque lo hice inconscientemente; creyendo que eran ángeles de Dios.

v.9 Dios perdonó a Adán y le dijo: Ten cuidado de Satanás.

v.12 Pero desde aquel día HUBO UNA LUCHA EN LA MENTE DE ADÁN CON RESPECTO AL MATRIMONIO CON EVA.   Estaba temeroso de hacerlo, por temor de que Dios se pudiera enojar con él.

v.14   Pero Satanás estaba celoso de ellos, y los destruiría.-

97 Cap .LXXII v.1 Entonces Satanás y diez de sus demonios se transformaron en mujeres de gracia sin par.

v.2 ... vinieron hasta Adán y Eva a saludarlos y maravillarlos.

v.4 ... somos una creación numerosa.

v.5 Entonces Adán les dijo: ¿Cómo os multiplicáis?

v.6 Y le respondieron: Tenemos maridos que nos desposaron y les hemos dado hijos, que crecen y se casan y tienen hijos. Así nos multiplicamos …

v.9 Entonces le dijeron a Adán y Eva: "Ustedes ven a nuestros maridos y nuestros hijos; cásense así como nosotros nos casamos, y tendrán hijos como nosotros".

Éste fue un plan de Satanás para engañar a Adán.

v.11   Ahora, entonces, si lo engaño para que haga esto y tome en matrimonio a Eva sin el permiso de Dios, Dios lo matará.

v.12   Por ello Satanás realizó esta aparición ante Adán y Eva porque pensó matarlos y hacerlos desaparecer de la faz de la tierra.

v.13   Mientras tanto el fuego del pecado cayó sobre Adán, que lo hizo pensar en cometer pecado. Pero se contuvo, temiendo que si seguía aquella palabra Dios lo llevaría a la muerte.

v.16   ... Adán permaneció en pie en oración pero sin saber qué orar debido a que los pensamientos de su corazón estaban en lo referente a su matrimonio con Eva ...

Cap. LXVIII v.20   Entonces Adán dijo a Eva, con gozo en su corazón, debido a la ofrenda que Le habían hecho y que se las había aceptado: Haremos ofrenda tres veces por semana: en el cuarto día miércoles, en el día de preparación viernes, y en el Sabbath domingo (sic), siempre y mientras vivamos".-   (hebreo: sabbath=descansar. Fue cambiada la celebración religiosa al domingo, Dominicus dies=día del Señor).

A partir del siguiente capítulo vemos cómo actúa el Rebelde para inducir a Adán y Eva a que inicien la procreación al modo bestial, lo que no les resultará difícil, debido a que ya no se encontraban en el Jardín donde la procreación tenía que

109

haberse producido de modo enteramente mental,
GENERANDO SERES DE LUZ, Y NO DE CARNE,
como resultado de la concupiscencia de la carne.
(ver párrafos 3,5,23,48,49,143).-

98

SANTA TERESA DE JESÚS.
"Ayes del Destierro"

... La vida terrena
Es continuo duelo;
Vida verdadera
La hay sólo en el cielo.
Permite, Dios mío,
Que viva yo allí.
Ansiosa de verte
Deseo morir.

…

Haz, Señor, que acabe
Tan larga agonía,
Socorre a tu sierva
Que por ti suspira.
Rompe aquestos hierros
Y sea feliz.
Ansiosa de verte
Deseo morir.

…

Cap. LXIX v.9 Adán y Eva regresaron de la montaña y fueron a la Caverna del Tesoro, tal como era su costumbre, esto fue en el día ciento cuarenta a contar de su partida del Jardín
v. 10 ... al llegar la mañana fueron ... al sitio donde crecía el cereal y se pusieron a descansar bajo la sombra de un árbol...
v.11 Pero entonces una gran cantidad de bestias se aglomeraron a su derredor. Era obra de la

perversidad de Satanás con miras de emprender una lucha contra Adán que lo llevara al matrimonio.

100 p. LXX v.17 Entonces le dice Satanás: He aquí que ya hace bastante tiempo que saliste del Jardín y no sabes lo que es maldad ni perversidad. Pero ahora Dios te dice que tomes a Eva, que salió de tu costado, y que te cases con ella y que te dé hijos, para tu satisfacción y que te quiten la aflicción y las penas. Esto no es difícil ni tampoco hay en ello escándalo alguno para ti.

Cap. LXXI v.1 Pero cuando Adán oye esas palabras se aflige sobremanera debido a su juramento y su promesa, y dijo: ¿Cometeré adulterio con mi carne y con mis huesos, y pecaré contra mí mismo, porque Dios me destruirá y me quitará de la faz de la tierra?
v.2 Ya que, al principio, CUANDO COMÍ DEL ÁRBOL, ME SACÓ DEL JARDÍN Y ME TRAJO A ESTA TIERRA EXTRAÑA, y me quitó mi naturaleza brillante y tendió la muerte sobre mí. Entonces, si yo hiciera eso, Él acabaría con mi vida en la tierra y sería arrojado al infierno, y allí estaría por muchísimo tiempo.
v.3 Pero Dios nunca dijo las palabras que me has dicho; y ustedes no son ángeles de Dios, ni tampoco han sido enviados por Él. Ustedes son diablos con la falsa apariencia de ángeles. Váyanse de aquí, ustedes blasfeman contra Dios.
v.4 Los demonios huyeron...-

101 "Cap. LXXII v.19 ...debo pedir al Señor que me hable sobre nuestro casamiento, porque no lo realizaré sin su orden, no vaya a suceder que nos haga perecer. Esos demonios han encendido mi corazón con los pensamientos de lo que nos han mostrado en sus pecaminosas apariciones.

v.20 Eva dijo a Adán:... oremos en nuestra caverna a Dios para que nos diga si eso es o no bueno.

v.21 ... Oh, Dios, Tú sabes que hemos pecado contra Ti... y fuimos privados de nuestra naturaleza lumínica, TORNÁNDOSE NUESTRO CUERPO CUAL EL DE LOS BRUTOS, NECESITANDO COMIDA Y BEBIDA, Y CON DESEOS ANIMALES.

v.22 Ordénanos, oh, Dios, que no les demos paso sin Tu orden, para que no seamos aniquilados. Porque si no nos das la orden seremos subyugados y seguiremos aquel consejo, y Tú nos harás perecer nuevamente.

v.23 De lo contrario, toma de nosotros nuestras almas y líbranos de esta injuria animal. Y si Tú no nos ordenas con respecto a este asunto aparta a Eva de mí, y a mí de ella...

Cap. LXXIII v.2 ... "¡Oh, Adán, si por lo menos hubieras tenido este cuidado al principio, antes de que salieras del Jardín para caer en esta tierra!"

v.3 Luego Dios envía a los ángeles que le habían traído oro, incienso y mirra a Adán, para que le hablen sobre su matrimonio con Eva.

v.4 Los ángeles dicen a Adán: Toma el oro y dáselo a Eva como presente de casamiento, luego le obsequiarás algo de incienso y mirra, y sean entonces una sola carne.

v.6 Dicen los ángeles a Adán y Eva que se eleven y oren durante cuarenta días y cuarenta noches; después de lo cual Adán podría acercarse a su esposa, porque entonces esto sería un acto puro y limpio; y tendrían hijos que se multiplicarían...

v.8 Adán y Eva comenzaron a ayunar y a orar hasta completar los cuarenta días, entonces se unieron como les habían dicho los ángeles.

Desde que Adán había dejado el Jardín hasta que casó con Eva habían transcurrido doscientos veintitrés días, es decir siete meses y trece días.

v.9 Así fue frustrada la contienda de Satanás con Adán."-

102

v.15 Haced todo lo que sea puro, verdadero, afamado, casto, justo y amable.
v.16 Esas cosas de las que habéis oído hablar   y recibido, pensad en ellas y la paz será con vosotros.

(de THE EPISTLE OF PAUL THE APOSTLE TO THE LAODICEANS).

103 *"MENSAJEROS DEL ESPACIO"* por
TRIGUEIRINHO

... Esta procreación desordenada que se instaló en la faz de la Tierra, aunque legalizada ante las leyes humanas y religiosas institucionalizadas, es parte de la acción de fuerzas involutivas que, así, retiran del necesario reposo a los seres que, desencarnados (muchas veces en estado semiconsciente), continuarían habitando el plano astral terrestre. En ese nivel, ellos aguardarían el momento de la transmigración hacia otros esquemas planetarios menos evolucionados que el nuestro y más adecuado para ellos -en lugar de renacer en la Tierra, como viene ocurriendo con millones de individuos incapaces de ambientarse aquí.

...
El sistema actual de procreación y la presente promiscuidad sexual (reflejos del desorden emocional y de la confusión mental que reinan) hoy no tienen en cuenta necesidades mayores, grupales o planetarias, ni el progreso de los seres; consisten en actos egoístas, movidos por las fuerzas del caos, aunque éstas se enmascaren, en esos casos, de amor humano.

...
En un futuro más lejano, la raza de superficie del planeta Tierra pasará por transformaciones aún más radicales. Su sistema de procreación seguirá leyes muy diferentes de las que hoy están en vigencia. [pár.235b. Ratnavabhasa-Kalpa].

La energía sale del plexo cósmico, situado debajo de la última costilla derecha del ser humano, y desarrolla un cuerpo al entrar en contacto con las leyes materiales. ...el nuevo cuerpo físico independiente que surge se basa en el cuerpo suprafísico ya existente.

...

Desde el principio de esta civilización, existieron órdenes monásticas (que eran reflejos de modalidades inmateriales de vida, de otros esquemas planetarios extraterrestres e intraterrenos), o comunidades ligadas a ciclos evolutivos más avanzados que el de su tiempo. Desde el comienzo de la raza, siempre hubo seres que optaron libremente por el celibato, por el control de la energía sexual y por su canalización hacia otras direcciones. Sin embargo, hoy ya no es necesario ser monje o esenio para entrar en un régimen semejante. Al lado de millones de individuos que tienen vida promiscua y al lado de otros que practican el sexo de manera normal, están los que viven como si estuviesen en una civilización aparte y, en ese sentido, más avanzada.-
(ver párrafo 209).

103 bis *Dice el "LIBRO DE GILGAMESH" (Libro del hombre que ha visto):*

Impúdicas, perjuras y esterilizantes..., y cuando ISHTAR o ISIS hayan abandonado la tierra, los hombres dirán: "El toro ya no va con la vaca, ni la burra con el asno, y el muchacho y la muchacha se acuestan cada uno por su parte".

104 *Descendientes de Caín seducen a hijos de Set.*

El mundo está oscurecido de dolores
y de tumbas,
y entre tanta oscuridad
el hombre, desesperado,
grita contra los cielos...
Mas... ¿quién sabe si la oscuridad
no está en nosotros mismos...?

TENNYSON.

106 *De* "EL GRAN YOGI MILAREPA DEL TIBET"
Evans-Wentz

Atisha, de familia real de Gaur, Bengala, profesor de filosofía,
llega al Tibet en 1038 aC y reforma el Lamaísmo introduciendo el celibato y una moralidad más elevada.
Los ermitaños Kargyütpas moran en los Himalayas.
Su intuición mística, Ta-wa (en tibetano) enseñada en los, tratados sobre la Doctrina Mahámudrá los

distingue de las otras sectas tibetanas, en virtud de sus votos de incalificado ascetismo y renunciamiento a la vida mundana.-

106 b A D Á N - E V A

de "THE FORGOTTEN BOOKS OF EDEN" – "THE SECOND BOOK OF ADAM AND EVE"

Cap. I v.9   ... "Adán y Eva no estuvieron juntos durante los siete años que duró el funeral de Abel**...** después de lo cual Eva vuelve a concebir.
v.12   Adán y Eva continuaron ayunando y orando hasta que llegó el momento de dar a luz   **...** a Set.
Cap.II v.8 Adán no se unió más a Eva por todo el resto de su vida, por lo que no tuvieron más hijos."-

Eva tuvo tres alumbramientos.   Del primero nacieron los gemelos CAÍN y su hermana LULUWA.
Cuatro años después, su segunda gemeliparidad, trajo al mundo a ABEL y su hermana AKLIA.
Los funerales de Abel duraron siete años, después de lo cual concibieron a SET. (1).
Caín se casó con Luluwa, y Set con Aklia.
Caín y su progenie habitaron las tierras bajas. Set y sus hijos permanecieron en la cima.

La descendencia de Caín pronto se prostituye, corrompidos por la música estridente y el alcohol (que les había enseñado a fabricar, a partir de cereales, el sirviente del rebelde, llamado GENUN, hijo de LAMEC el ciego, que mató a su antepasado Caín), *y no soportando el estado de pureza en el que se encontraban los del linaje de Set se las ingenian para arrastrarlos al abismo.*

El diluvio pone fin a semejante perversión.

(1) En el libro "THE NAG HAMMADI LIBRARY",
originariamente escrito en copto, y editado en inglés, James M. Robinson, Director, Harper & Row, Publishers, San Francisco, dice bajo el título "THE HYPOSTASIS OF THE ARCHONS", que después de Set, Adán y Eva tuvieron por hija a NOREA.
Nag 'Hammadi, ciudad del alto Egipto, entre Luxor y Abidos, donde se encontraron libros tan importantes como lo son los rollos de Qumran.

Norea puede ser mencionada como hija de Eva, como esposa de Set, o también como esposa de Noé o de Sem (versión gnóstica de Na'amah) antiheroína de las leyendas judías, símbolo de la caída y redención del alma humana.
-The Thought of Norea (IX,2) IX 27,11-29, 5.-

107 EL EVANGELIO DE LOS DOCE

Notas tomadas de "THE GOSPEL OF THE HOLY TWELVE known also as THE GOSPEL OF THE PERFECT LIFE."

Lección IX v.4 Entonces el diablo puso ante Él una mujer de extraordinaria belleza y garbo, de astuto ingenio y rápido entendimiento, y Le dijo: Tómala conforme a Tu deseo, pues ella así lo quiere, y tendrás amor y felicidad que alegrará toda Tu vida, y verás hijos de Tus hijos. ¿Acaso no está escrito? No es bueno para el hombre que esté solo.

v.5 Y JESÚS-MARÍA dijo: Retírate; está escrito: No os dejéis conducir mal por la belleza de mujer, toda carne es como la hierba y las flores del campo. La hierba se seca y las flores se marchitan, mas la Palabra del Eterno permanece por siempre.

Mi tarea es enseñar y sanar a los hijos de hombre, y el que ha nacido en Dios guarda su simiente dentro de sí.

Lección XLVI v.13 No haréis matrimonio impuro, donde no están el amor y la salud. No os corrompáis vosotros ni corrompáis a ninguna criatura hecha pura por el Supremo.

Lección XLVII v.5 Se os ha dicho: No cometerás adulterio. Pero yo os digo: Si un hombre o una mujer se une en matrimonio con carencia de salud y tiene hijos carentes de salud, es culpable; aun cuando no hayan tenido relación extramatrimonial. Y si alguien no ha tomado la esposa de otro, pero la desea y anda tras ella, ya ha cometido adulterio.

v.6 Y nuevamente os digo: Si alguien desea y trata de poseer el cuerpo de cualquier criatura, ya sea para alimento, para placer, o por ganancias, se está por ello corrompiendo.

v.7 Lo mismo que si dijera una verdad a alguien, de tal manera, que lo pueda conducir hacia el mal, no obstante ser verdad en la letra, es culpable.

SERPIENTE DE MOISES

108   Lección   LI v.9 Así como MOISÉS levantó la Serpiente en el desierto, de la misma manera el HIJO e HIJA de HOMBRE ha de ser elevado, para que, quienquiera que vea, creyendo, no perecerá, sino que tendrá vida eterna.

Lección LII v.9 Como es arriba es abajo. Como es adentro es afuera. Como es a la derecha es a la izquierda. Como es delante es atrás. Como es con el grande así es con el chico. Como es con lo masculino es con lo femenino. Cuando estas cosas sean vistas entonces estarán viendo el Reino de Dios.
v.10 Pues EN MÍ NO HAY MASCULINO NI FEMENINO, pero AMBOS SON UNO EN EL

TODO PERFECTO. La mujer no es sin el hombre, ni el hombre sin la mujer.

v.11 En el CRISTO que expía todas las cosas, la sabiduría no existe sin amor, ni el amor sin la sabiduría. La cabeza no existe sin el corazón, ni el corazón sin la cabeza. Porque Dios ha hecho todas las cosas de tal manera, que todas se corresponden.

v.12 Estas cosas son para que crean los que entienden. Si no entienden, no es para ellos. Pues creer es entender, y no creer es no entender.-

109 Lección LIII v.9 En la resurrección, ¿de quién será la esposa, si han casado y enviudado seis veces?

v.10 Y Jesús les respondió diciendo: Si se trata de una mujer que tuvo seis esposos o un hombre que ha tenido seis esposas, para el caso es lo mismo. Pues los hijos de este mundo se casan y son dados en matrimonio.

v.11 Pero aquellos que sean merecedores de la resurrección de entre los muertos no se casarán ni se darán en matrimonio ni podrán morir jamás, porque serán igual que los ángeles, serán hijos de Dios, hijos de la resurrección.

Lección LXIV v.2 Y uno de ellos dijo: Maestro, está escrito desde la antigüedad que el hombre fue hecho por AELOHIM a SU propia imagen, macho y hembra los creó. ¿Cómo dices Tú entonces que Dios es UNO?

Y Jesús les respondió: En verdad os digo que en Dios no hay hombre ni mujer (Génesis II:22) pues ambos son uno, y Dios es Ambos en Uno. Él es

Ella y Ella es Él.   Aelohim (nuestro Dios) es perfecto, Infinito y Uno.

v.3   Así como en el hombre el Padre está manifestado y la Madre oculta, así en la mujer la Madre está manifestada y el Padre oculto. Por lo tanto el nombre de Padre y el de Madre serán igualmente santificados, porque Ellos son los Grandes Poderes de Dios, y uno no es sin el otro en el Único Dios.

v.6 En verdad Aelohim creó al hombre a imagen divina, masculino y femenino, y toda la naturaleza es a imagen de Dios, así que Dios es ambas cosas masculino-femenino, no dividido, Dos en Uno, Indiviso y Eterno, por Quien y en Quien son y están las cosas, visibles e invisibles.

110 v.8 En el principio por voluntad de DIOS vino el HIJO querido, el divino Amor, y la HIJA querida, la SAGRADA SABIDURÍA , (1) igualmente procedentes de la FUENTE Una Eterna; y de éstos son las generaciones de los Espíritus de Dios, Hijos e Hijas del ETERNO.

*(1) "¿Y qué es la sabiduría? Es la naturaleza, o sea el aspecto femenino de Shiva.-"***Obras completas II, Budismo Nihilista** *por* **Vicente Fatone.** *[ver Párrafo 152].-*

Hijos e Hijas del ETERNO.

v.9 Y Éstos descendieron a la tierra y habitaron con los hombres para enseñarles los caminos de Dios, el amor a las Leyes del Eterno para obedecerlas y poder encontrar en ellas la salvación.

Lección LXVI v.6 **...** y el hombre y la mujer son Uno, así como Dios es Uno.

v.7 ASÍ ES CON DIOS LO PADRE-MADRE, EN QUIEN NO HAY MASCULINO NI FEMENINO Y EN QUIEN ESTÁN AMBOS, Y CADA UNO ES TRINO. Y TODO ES UNO EN LA OCULTA UNIDAD.

v.9 Nuevamente os digo, Yo y Mi Desposada somos Uno, igual que María Magdalena, a quien he elegido y santificado ante Mí como un símbolo, es UnaconMigo; Yo y MI Iglesia somos Uno. Y la Iglesia es la elegida por la humanidad para la salvación de todos.

v.10 LA IGLESIA DEL PRIMOGÉNITO ES LA MARÍA DE DIOS. ASÍ DICE EL ETERNO, ELLA ES MI MADRE Y ELLA SIEMPRE ME HA CONCEBIDO Y DADO NACIMIENTO COMO SU HIJO EN TODO TIEMPO Y LUGAR. ELLA ES MI DESPOSADA, SIEMPRE UNA EN SAGRADA UNIÓN CONMIGO SU ESPOSO. ELLA ES MI HIJA, PORQUE SIEMPRE HA TENIDO SU ORIGEN EN MÍ.

v.13 ...NI MASCULINO NI FEMENINO, SINO QUE LOS DOS EN EL UNO. Los que tengan oídos para oír que oigan.

Lección LXIX v.13 Y muchas otras cosas parecidas dijo ante quienes tenían oídos para oír y una mente esclarecida. Pero la multitud no comprendía.

111 Lección LXX v.11 Y Jesús respondió: Así como Yo seré clavado en la cruz, así también lo estará mi Iglesia en esos días, ELLA ES MI DESPOSADA Y UNA CONMIGO. Pero vendrá el día en que pasarán estas tinieblas y brillará la verdadera LUZ.-

Lección LXXII v.5 Y cualquier cosa que pidiéreis en mi Nombre, esa voluntad haré, que el Padre Supremo ha de ser glorificado en su Hijo e Hija de Hombre. Si vosotros pedís algo en mi Nombre, Yo haré esa voluntad.

Lección LXXVI v.10 Entonces, levantando la Oblación hacia el cielo dijo: El Hijo que es también la Hija de Hombre es levantado de la tierra, y llevaré a todos los hombres conMigo; entonces la gente sabrá que yo soy enviado de Dios.
v.11 ...ABBA-AMMA (Padre-Madre) ha llegado la hora....
v.13 ...PADRE-MADRE, perdónale, porque no sabe lo que hace.-.

112 Lección XCII v.2 ...EL MATRIMONIO DEBE SER ENTRE UN HOMBRE Y UNA MUJER, quienes estarán unidos por perfecto amor y simpatía, y mientras el amor y la vida perduren, sea como fuere, en perfecta franqueza.
Pero cerciorarse que tienen PERFECTA SALUD, y que verdaderamente se aman con toda pureza, y no por ventaja mundana; entonces comprométanse en matrimonio ante testigos.
v.3 Luego, llegado el momento, el ángel o presbítero ofrezca oración y acción de gracias, ... Sean unidos, bendita sea la sagrada unión, vosotros,

a quienes Dios une ningún hombre separará, tanto tiempo como la vida y el amor perduren.

v.4 Y si tienen hijos, que sea con discreción y prudencia, de acuerdo con su capacidad para mantenerlos.

... No obstante, A AQUELLOS QUE SEAN PERFECTOS Y LES ES POSIBLE, LES DIGO: SEAN COMO LOS ÁNGELES DE DIOS EN EL CIELO, que no se casan ni son dados en casamiento, ni tienen hijos, no cuidan del mañana, y están libres de lazos, así como Yo lo estoy, y cuidan y guardan dentro el poder de Dios, para su ministerio, y para obras de sanidad, así como Yo lo he hecho. Pero la mayoría no puede recibir esto que digo, sino que es para aquellos a quienes está dirigido.

113 Lección XCIII v.2 No obstante los frutos del pecado han de continuar por una época, porque lo que hemos sembrado, eso recogeremos, porque Dios no es burlado, y aquellos que sembraron para la carne cosecharán corrupción, y los que sembraron para el espíritu cosecharán vida eterna.

Por lo cual, si alguien abandona sus pecados y los confiesa, el presbítero les dirá de esta manera: Pueda Dios perdonarte tus pecados, y traerte a vida eterna. Todo pecado contra Dios es perdonado por Dios, y el pecado contra el hombre es perdonado por el hombre.

Lección XCIII v.3 Y otro le preguntó diciendo: SI ALGUIEN ENTRE NOSOTROS ESTÁ ENFERMO, ¿TENDREMOS PODER PARA CURARLE ASÍ COMO TÚ LO HICISTE?

Y JESÚS CONTESTÓ: ESTE PODER PROVIENE DE UNA PERFECTA CASTIDAD Y FE. Aquellos que son nacidos de Dios guardan su simiente en su interior."-

114 *En* **"EL EVANGELIO DE RAMAKRISHNA"** *leemos en el cap.III*

"Después de realizar a Dios, aunque un hombre viva con su esposa no tendrá relación física con ella. Ambos vivirán como 'bhaktas' o verdaderos devotos. Hablarán de asuntos espirituales y emplearán su tiempo pensando en Dios**...**

CUANDO ES ALCANZADO DIOS, SE DESVANECE LA ATRACCIÓN MUNDANA. La gente mundana dice que es imposible librarse de la atracción que ejerce lo mundanal. Pero cuando Dios es realizado, toda la atracción mundana se desvanece.

DESPUÉS DE EXPERIMENTAR LA DICHA ABSOLUTA DE LA CONCIENCIA DIVINA YA NO SE PUEDEN GOZAR LOS PLACERES DE LOS SENTIDOS NI PERSEGUIR FAMA Y HONORES O CUALQUIER OTRO OBJETO MUNDANO. LAS MARIPOSAS NOCTURNAS NO VUELVEN A LA OSCURIDAD DESPUÉS DE HABER VISTO LA LUZ.

Cuanto más piense uno en Dios y medite sobre ÉL, tanto más perderá el gusto por los placeres mundanos.

... Mirará entonces el hombre a cada mujer como a una madre, a su propia esposa como una compañera espiritual; desaparecerán todas las pasiones animales; surgirán en él la divina espiritualidad y el desapego por el mundo; y llegará entonces a estar absolutamente emancipado aun en esta misma vida."-

115 *en* **"EL EVANGELIO DE VIVEKANANDA"**
POR ROMAIN ROLAND, *leemos:*
"Castidad absoluta. Sin ella el 'RAJAYOGA' implicaría los más graves peligros... la ruina física y mental.
Seguir un 'yoga' en esas condiciones, lleva a las peores aberraciones."

En la página 169 Parte I Cap. II leemos:

"... Cuando ha quedado establecida una afición (por ejemplo el casamiento), lo llamamos Deber.
En realidad es una enfermedad crónica. Pero la llamamos enfermedad sólo cuando es aguda; cuando es crónica, la llamamos naturaleza, y la bautizamos ¡Deber...!!
Tocamos la trompeta, hacemos llover flores, recitamos textos sagrados en su honor; y luego todo el mundo pelea, y los hombres se roban unos a otros, con ardor, por el amor de ese Deber..."-

"Si tenéis una mujer, eso no quiere decir que debéis abandonarla, sino que debéis ver a Dios en vuestra mujer."- *(pág. 229 P.I Cap. III).-*

116 *TOMADO DE* **LA BIBLIA DE JERUSALÉN:**

EPÍSTOLA A LOS GÁLATAS V:19/21
"Ahora bien, las obras de la carne son conocidas: fornicación, impureza, libertinaje, idolatría... embriagueces... quienes hacen tales cosas no heredarán el Reino de Dios.
VI:8 el que siembre en su carne, de la carne cosechará corrupción; el que siembre en el espíritu, del espíritu cosechará vida eterna."-

EPÍSTOLA A LOS EFESIOS V:25
"Maridos, amad a vuestras mujeres como Cristo amó a la Iglesia."
En este mandato no vemos nada que se relacione con sexo.

I CORINTIOS X:6/8
"Estas cosas sucedieron en figura para nosotros para que no codiciemos lo malo como ellos lo codiciaron. No os hagáis idólatras al igual que algunos de ellos, como dice la Escritura: 'Sentóse el pueblo a comer y a beber y se levantó a divertirse.' Ni forniquemos como algunos de ellos fornicaron y cayeron muertos veintitrés mil en un solo día."
Aquí no caben dudas sobre la magnitud del pecado.-

117 *MATEO XIX: 11/12*
"Pero ÉL les dijo: No todos entienden este lenguaje, sí, aquellos a quienes se les ha concedido. Porque hay eunucos que nacieron así del seno

materno, y hay eunucos hechos por los hombres, y hay eunucos que se hicieron tales a sí mismos por el Reino de los Cielos. Quien pueda entender, que entienda".

Nota de la Biblia de Jerusalén: "Jesús invita a la continencia perpetua a los que quieran consagrarse exclusivamente al Reino de los Cielos."

MATEO V: 28/29
"Pues yo digo: Todo el que mira a una mujer deseándola, ya cometió adulterio con ella en su corazón. Si, pues, tu ojo derecho te es ocasión de pecado, sácatelo y arrójalo de ti; más te conviene que se pierda uno de tus miembros, que no que todo tu cuerpo sea arrojado a la gehenna."

Está bien claro que una mirada con lujuria es peor que perder un ojo. La Biblia es terminante.-

En "THE GOSPEL OF BUDDHA" *Cap. XXXIII leemos:*
"Es preferible que un hierro al rojo os quite ambos ojos, que estimular en vosotros pensamientos sensuales, o perseguir formas femeninas con deseos lujuriosos."-

118 *tomado de* **"THE EDENITE CREED FOR LIFE"** ENEMIGOS DEL HOMBRE:

"Los tres más grandes pecados mortales: 1) Deseo sexual. 2) Glotonería 3) Codicia.

I Deseo sexual. El primer pecado mortal de Satanás fue introducido durante el tiempo prediluviano y luego usado para corromper a la descendencia de SET hasta el punto de que solamente ocho almas fueron dejadas en la tierra tras el diluvio.

Adán y su hijo Set hicieron uso del sexo tan sólo para procrear, como lo hicieron los esenios y los primeros cristianos, como así también el remanente fiel de Israel a través de los tiempos.

Antes del DILUVIO, en oposición a la ley del código moral de Dios los hombres se casaban con sus hermanas, hijas, madres, y otras. Todo por lujuria del deseo sexual, la tierra toda llegó a corromperse, hombres, mujeres y animales.

La destrucción operada por el diluvio fue causada por muchos pecados. Adán fue el primero en decir a sus hijos sobre la llagada de la destrucción. La humanidad fue prevenida de la inminencia de la inundación hasta el mismo NOÉ.

La lujuria del sexo es y fue la causa de todos los trastornos espirituales y físicos. Hoy mismo, Satán rige la tierra mediante el libertinaje sexual contra las leyes morales de Dios.

119 LA LLAMADA GENERACIÓN LIBRE PARA LA LUJURIA
SEXUAL ES LA CAUSA DE LA DISEMINACIÓN DE ENFERMEDADES

MORTALES DE LA MENTE, DEL CUERPO Y DEL ALMA. Es la causa de los crímenes sexuales y la promoción de la pornografía en películas, impresos y espectáculos.

Tales perversiones demoníacamente inspiradas son alentadas `por falsa religión, que las estima 'admisibles', y corrompen a los políticos que rehúsan dictar leyes de prevención y terminación.

Así, la codicia por el dinero es básico anhelo tras la promoción sexual del siglo veinte.

Satanás, firme desde el principio, usó al sexo para corromper a la juventud, tal la historia del consejo de RUBÉN sobre la trampa de la fornicación. " *ver párrafo 125; testamento de Rubén].*

"JOSÉ, mediante la oración se mantuvo a distancia de la perversión del sexo, para gloria de Dios."

Así, los ESENIOS, desde ABEL (incluyendo al mismo PADRE ADÁN) supieron del abuso satánico de las mujeres para violar el perfecto código moral de Dios.

Los INFERIORES ANIMALES mantienen el correcto ejemplo del sexo, reproduciéndose en tiempo oportuno y por el único motivo de mantener la especie.

Quienes sean solteros o solteras deben guardar castidad, el matrimonio es tan sólo para la reproducción.

Jesús permaneció célibe, tal como se les exigía a todos los santos esenios. No hay matrimonio en el cielo, no hay razón para ello.

El aborto es un crimen inventado por Satanás. Así, la codicia sexual actualmente da por resultado la extinción de innumerables vidas inocentes.

133

Todos tienen la opción del matrimonio o permanecer solteros, tanto tiempo como el sexo pueda ser dominado, de acuerdo con el código moral.

Cualquier forma de perversión sexual es pecado y causará la renuncia a la vida en el Paraíso Terrenal o en el Cielo.

La codicia comercial, por esto, se beneficia grandemente con el uso indebido del sexo por el hombre.

Únicamente la aplicación del Código Moral puede proteger; se debe estudiar y aplicar la oración para salvaguardar sus normas morales, en este mundo corrompido donde el sexo es un dios."-

120

...Vivir quiero conmigo,
Gozar quiero del bien que debo al cielo,
A solas, sin testigos,
Libre de amor, de celo,...
FRAY LUIS DE LEÓN.

121

...El voto de castidad
Con gran cuidado guardad:
A sólo Dios desead,
Y en Él mismo os encerrad,
Sin mirar cosas del suelo,
... Monjas del Carmelo.

SANTA TERESA DE JESÚS.

JOSÉ EN EGIPTO

El segundo provecho espiritual
que obtiene el alma,
al apartarse se lo sensual,
es que:
de sensual se hace espiritual,
de animal, se hace racional,
y de ser humano,
se transmuta en porción angelical,
y de temporal humano
se hace divino-espiritual.

SAN JUAN DE LA CRUZ.

Continuamos con "THE FORGOTTEN BOOKS OF EDEN",

Pero ahora con THE TESTAMENTS OF THE TWELVE PATRIARCHS:

124 TESTAMENTO DE RUBÉN (primogénito de Jacob). Cap. I v.6
"Y he aquí que pido al Dios del cielo que hoy sea testigo ante ustedes para que no transiten por los pecados de la juventud y de fornicación, de donde fui sacado, ...

v.7 ... Y si mi padre Jacob no hubiera orado por mí al Señor, el Señor me habría destruido.

v.8 ... por siete meses estuve enfermo a punto de morir.

v.9 ... y me arrepentí.

v.10 Y no tomé vino ni bebida alcohólica, ni entró carne en mi boca, ni comí comidas placenteras; pero lloré mucho por mi pecado, porque fue grande, tanto que no lo había habido en Israel.

v.11 Óiganme, hijos, lo que vi cuando me arrepentí, respecto de LOS SIETE ESPÍRITUS DE ENGAÑO.

v.12 Ellos son asignados al hombre y conducen los actos de la juventud.

125 v.13 Y otros siete espíritus le son dados al ser creado, con los
cuales ha de obrar el hombre.

v.14 El primero es el espíritu de vida...

v.15 El segundo el sentido de la vista, a través del cual surge el deseo.

138

v.16   El tercero es el oído, con el que llega la enseñanza.

v.17   El cuarto es el olfato, con el que se nos da la catación y nos proporcionamos la respiración.

v.18   El quinto es el poder del habla, con el que logramos conocimiento.

v.19   El sexto es el sentido del gusto con el que se relacionan la comida y la bebida que producen el vigor.

v.20   El séptimo es el poder sexual de procreación, por el que, a través del amor al placer se comete el pecado.

v.21   Es el último en el orden de creación, y el primero en la juventud, porque está llena de ignorancia, y conduce a la juventud como un ciego a la fosa, y la bestia al precipicio.

v.23   Con estos espíritus están mezclados los espíritus de error.

v.24   Primeramente el espíritu de fornicación se instala en la naturaleza y en los sentidos.

v.32   Y así sucumbe el hombre joven, oscureciendo su mente para la verdad, y no entendiendo la ley de Dios, no obedeciendo a las amonestaciones de sus padres, tal como me sucedió en mi juventud.

v.34   No presten atención a las caras bonitas.

v.35   No entren en sociedad con la esposa de otro.

v.36   No se comprometan con asuntos de mujeres."-

En el v.37 llama a la fornicación gran iniquidad, en el v.38 cosa abominable, en el v.40 y en el 41, impiedad.-

126 Cap. II v.7 "Porque una fosa para el alma es el pecado de fornicación, separándola de Dios y aproximándola a los ídolos, porque engaña a la mente y al entendimiento, y conduce a la gente joven al HADES ANTES DE TIEMPO.

v.9 Porque ustedes oyeron respecto de JOSÉ, quien se mantuvo alejado de una mujer habiendo limpiado sus pensamientos de toda fornicación, hallando protección de Dios y de los hombres.
v.12 Porque si la fornicación no obnubila la mente, tampoco podrá hacerlo Belial. *[Genio del mal]*.
v.20 Absténganse, por lo tanto, de fornicación, y si desean tener pureza, guarden sus sentidos de toda mujer..."-

TESTAMENTO DE SIMEÓN

"v.13 Porque lo hemos visto en los escritos de Enoch, que nuestros hijos serán corrompidos en fornicación, y herirán a los hijos de Leví con la espada.
v.14 Pero no les será posible resistir a Leví; ..."-

TESTAMENTO DE LEVÍ

127 Cap. IV v.17
"Y fuera de codicia ustedes enseñarán los mandatos de Señor, mujeres casadas os profanarán, y las vírgenes de Jerusalén ustedes corromperán; y con rameras y adúlteras ustedes se unirán, y las hija de los gentiles tomarán ustedes por esposas, purificándolas con una ilegítima purificación; y

vuestra unión será cual la de Sodoma y Gomorra
..."-

TESTAMENTO DE JUDÁ

Cap ,III v. 38
"Porque estas cosas os apartan de la Ley de Dios,
ciegan el alma, dan arrogancia y quitan la
compasión hacia los demás."-

TESTAMENTO DE DAN

Cap. II v. 5
"Y en cuanto os apartéis del Señor, andaréis en
todo lo dañoso y cometeréis las abominaciones de
los gentiles, prostituyéndoos tras las mujeres de
licenciosos, mientras que con toda perversidad los
espíritus de maldad obrarán en vosotros."-

TESTAMENTO DE NEFTALÍ

128   Cap. II v.29
"Porque los mandatos de la ley son dobles, y con
prudencia deben ser cumplidos.
v.30   Porque hay una época para que el hombre
abrace a su esposa, y otra época
para que se abstenga de eso para sus oraciones."-

TESTAMENTO DE JOSÉ   (hijo de Jacob)

Cap, I v.76
"Porque Dios ama a quien en su rincón de pocilga,
reúne ayuno con castidad; y no a quien, en cámara
real combina lujuria con libertinaje.

v. 77 Si un hombre vive en castidad, y desea gloria y el Más Alto conocimiento que se merezca, Él se lo otorgará, así como lo hizo conmigo.
Cap. II v. 2
Así también, si ustedes siguen por el sendero de la castidad y la pureza, el Señor morará entre ustedes, porque Él ama la castidad.
v.3 ...el Señor, al morar en ustedes, debido a vuestra castidad, no solamente los librará del mal, sino que les dará regocijo como lo hizo conmigo."-

TESTAMENTO DE BENJAMÍN (último hijo de Jacob)
Cap. II v.2
"Quien tenga un puro concepto sobre el amor no mira a la mujer con idea de fornicación, pues no tiene corrupto su corazón; porque el Espíritu de Dios mora en él.
v.3 Así como el sol no se corrompe por brillar sobre estiércol o lodazal, sino que los seca y quita el mal olor, así también la mente pura, rodeada por las corrupciones de la tierra, las limpia y no es afectada por ellas."-

129 *El eximio* **DR. MAHADEVAN** *nos narra en su libro histórico* "TEN SAINT OF INDIA", *la vida de diez de entre los tantos*
Grandes hombres de bien que nacieron en su tierra natal.
He aquí, muy resumida, la referencia a tres de ellos.
El libro fue editado en Bombay, India, por Bhavan's Book University:

TIRU-JÑANA SAMBANDHAR

Dios comenzó a obrar milagros por su intermedio cuando contaba sólo tres años de edad.

En Mayilappur había un comerciante llamado Shivaneshar, que tenía una hija llamada Pumpavai. Habiendo oído el comerciante comentarios sobre los prodigios realizados por intermedio de Sambandhar, se vio profundamente atraído hacia el santo, y resolvió darle su hija en matrimonio.

Desafortunadamente su hija fue picada por una víbora, perdiendo la vida tras ello.

Shivaneshar quedó desconsolado pero no perdió sus esperanzas. Cremó el cuerpo de su hija y conservó en una urna sus cenizas y restos de huesos.

Sabiendo que Sambandhar estaba en Tiruvorriyur lo invitó a que fuera a Mayilappur, donde se le brindó gran recepción al santo, que fue informado de lo acontecido a Pumpavai.

Después de un oficio religioso en un templo, Sambandhar pidió que se le trajera la urna con las cenizas. Se puso a cantar un himno, y ocurrió el milagro, de la urna salió Pumpavai llena de vida.

Shivaneshar ofreció su hija en matrimonio al santo, pero éste rehusó diciendo que como había sido instrumento para la resurrección de la joven, se hallaba en la posición de padre de ella.—

[otro relato]:

... En la ciudad del hogar del santo se estaban haciendo los preparativos para su casamiento. Sambandhar rechazo la propuesta, pero terminó por aceptarla debido a la presión de sus allegados. La joven había sido cuidadosamente seleccionada y el día propicio fue fijado.

La fiesta estaba preparada, al terminar la ceremonia religiosa el santo tomó a su esposa y los obsequios llevados al templo. Cantó un himno y oró al Señor así: "¡Oh, Madre-Padre! Ya llegó el momento de llegar a Tus pies."

Una luz radiante iluminó la capilla. El Señor respondía. Un sendero de luz fue tendido, el que lo conduciría a SHIVA-JYOTIS.

El santo, con todos aquellos que tuvieron la buena fortuna de estar con él alrededor del Jyotis entraron en el sendero y desaparecieron --un glorioso fin para una vida gloriosa—

130 *[Tenemos en la Biblia un caso análogo en* GÉNESIS V:.24::

"Caminó, pues, ENOCH con Dios, y desapareció, porque

lo llevó Dios."].-

[Y también en los ACTOS DE PABLO Y TECLA, The

Forgotten Books of Eden – The Acts of Paul and Tecla:

Cap. XI:11 Entonces se oyó una voz del cielo que decía:

No temas Tecla, mi fiel sirviente, porque estoy contigo. v.12

La bendita Tecla observó y vio una abertura en la roca por la

que podía pasar una persona. Actuó rápidamente como se le

había instruido, librándose de los viles mercenarios, y entró
por la abertura que quedó instantáneamente sellada y sin el menor indicio de juntura.]-
[Más adelante nos referiremos nuevamente a Tecla, párrafo 133].

TIRUNAVUKKARASHU

... Luego se le presentó una prueba más tentadora.
Celestiales damiselas aparecieron delante de él cantando y danzando, con el propósito de seducirlo.
Pero él permaneció inmutable con sus pensamientos fijos en Dios.
Frustradas en sus propósitos, las damiselas se dieron cuenta de su desatino, entonces le saludaron y desaparecieron.-

SUNDARAMURTI

131 Cuando llegó la edad de casarse, su padre arregló todo para la boda.
Pero el Señor tomó esta oportunidad para actuar y salvó a Su devoto de la siguiente manera:
Sundarar estaba a punto de ser casado. Las ceremonias preliminares estaban listas. En este momento crucial Shiva se aparece en forma de un viejo brahman anunciando que tiene un pleito contra el novio.
Reclama que Sundarar era su esclavo de acuerdo con un compromiso que había contraído su abuelo.
Sundarar rechazó este reclamo y regañó al viejo brahman diciéndole:

"¿Está usted loco? ¿Es posible que un brahman sea esclavo de otro brahman?"

El viejo presenta un documento donde el abuelo de Sundarar prometía que él y sus descendientes servirían al brahman en total esclavitud.

Sundarar rompió el documento que había arrebatado al brahman y dijo que era falso.

Pero el viejo brahman insistía ... El caso fue llevado ante el tribunal y sundarar perdió.

Sundarar sigue al brahman hasta un templo y el brahman desaparece.

Sundarar se aproxima al altar y ve a Shiva y Parvati (1) sentados en el sagrado sitio.

Dirigiéndose a Su devoto, el Señor le dijo:
"Has sido salvado... canta mis plegarias... "
--¿Cómo he de comenzar?
--"Comienza con: 'Oh, Loco'. Ya que tú me has dado ese título", dijo el Señor.

Sundarar se dio cuenta que el Señor se le había aparecido como aquel viejo brahman para salvarlo.

La boda no se realizó.

La joven permaneció célibe hasta que murió.-

[(1) Shiva: el aspecto paterno de lo divino-
Parvati: esposa o Shakti de Shiva.Jyotis: luz, esplendor.]

"HECHOS DE PABLO Y TECLA"

132 Cuando PABLO se dirige a ANTIOQUÍA, al pasar por ICONIUM, fue invitado a dar su palabra al pueblo para divulgar las Buenas Nuevas que había aprendido de las sublimes enseñanzas del NAZARENO.

El templo se colmaba de jóvenes que ávidamente lo escuchaban durante horas y horas. Entre ellos se hallaba TECLA , a quien su madre la daba en matrimonio a TAMIRIS, uno de los principales hombres de ICONIUM.

Como Tecla optó resueltamente por seguir a PABLO y consagrarse a su Dios, fue víctima de numerosos atentados contra su vida, dirigidos primero por Tamiris, en Iconium, y luego por ALEJANDRO, magistrado de ANTIOQUÍA.

En primera instancia fue condenada a morir en la pira. Las llamas no lograron tocarla. Se produjo un terremoto en el que muchos espectadores desaparecieron por sus grietas. Una nube descargó abundante agua y granizo.

Tecla quedó ilesa.

Después fue condenada una y otra vez arrojándola a las fieras, o toros bravíos, pero siempre por algún "MILAGRO" se salvaba.

Buscando vivienda, halló una cueva en una montaña llamada CALAMON o RODEON, distante un furlon de SELEUCIA, que adoptó como residencia hasta el fin de sus días.

Toda persona enferma, sin excepción, que fuera a pedirle ayuda o se aproximara a su vivienda, era sanada al instante y definitivamente.

Los médicos de la comarca se habían quedado sin pacientes, entonces se reunieron para estudiar el método que emplearían para quitarle a TECLA su capacidad curativa, QUIEN, POR SER VIRGEN, TENÍA EL FAVOR

147

DE LA DIOSA DIANA que curaba los enfermos. También por su virtud de haberse conservado casta era la bienamada de todos los dioses.

Los médicos embriagaron a varios malhechores y les prometieron buena recompensa si destruían la virginidad de Tecla, con lo que perdería el favor curativo de Diana y el amparo de todos los dioses; pero Tecla desapareció para siempre a través de la montaña.

133 Fue canonizada por la Iglesia Católica.

Esta historia la podemos leer con detalles en los HECHOS DE PABLO Y TECLA, donde vemos que Pablo fue acusado de "COMETER GRANDES CRÍMENES" por predicar la Palabra del SEÑOR.

A continuación leeremos algunos párrafos de: "THE FORGOTTEN BOOKS OF EDEN, THE ACTS OF PAUL AND THECLA":

"Cap. II v.7 ... Todas las mujeres y hombres jóvenes [de Iconium] se congregan ante él [Pablo], para recibir su doctrina. Dice, entre otras cosas, que no hay más que un solo Dios, único para adorar, y que debemos vivir en castidad.

v.14 [Tamiris, principal persona de Iconium, que quería casarse con Tecla, pregunta a dos hombres que siguen a Pablo]: Señores, ¿qué los trae aquí, y quién es ese hombre que está allí adentro?, amigo de ustedes, que alucina a los hombres jóvenes como así también a las doncellas, persuadiéndolos a que no deben

contraer matrimonio,   mas deben permanecer
vírgenes.

134   v.16   DIMAS   y   HERMÓGENES
contestaron: No podemos decir exactamente quien
es, pero lo que sabemos es que exhorta a los
hombres jóvenes a que no tomen esposas, y a las
doncellas a que no tomen esposos, mediante el
siguiente discurso: No podrá haber resurrección a
no ser que ustedes continúen en castidad y no
mancillen su cuerpo.-
Cap.IV v.1 Tamiris ante el magistrado dice: No
sé de donde viene este hombre [Pablo], pero sé
que predica que el matrimonio es ilícito. ...
v.4   El gobernador llama a Pablo y pregunta:
¿Quién eres y qué enseñas? Se te acusa de cometer
grandes crímenes.
Responde Pablo: v.6   Dios, que es Dios de
justicia, y que no quiere más que la salvación de
sus criaturas, me ha enviado para que los libre de
sus maldades y corrupciones, de todos los
pecaminosos placeres, y de la muerte,
persuadiéndoles de que no pequen más."-

Aquí vemos parte de la PREDICACIÓN DE
PABLO:

"I:13   Bienaventurados sean quienes mantienen su
cuerpo puro,
Porque serán el templo de Dios.
v.14 Bienaventurados sean los castos,
porque Dios se les revelará.
v.15 Bienaventurados sean los que abandonan los
placeres seculares,

porque serán aceptados por Dios.

v.16 Bienaventurados sean aquellos que tienen esposa, pero permanecen castos,

pues serán convertidos en ángeles de Dios.

v.22 Bienaventurados sean los cuerpos y las almas vírgenes,

porque son aceptables para Dios, porque no perderán la recompensa de su virginidad, y gozarán de eterno descanso, pues la palabra del Padre Celestial demostrará que es real su salvación en el día de Su Hijo."—

135

Huevo filosófico, filius pisando el sol y la luna,con
lo que indica su doble naturaleza.
Los pájaros aluden a la espiritualización.
Mutus Liber, Rupellae, 167

SOR JUANA INÉS DE LA CRUZ

Romance

... conciba fetos de luces,
concepto de rayos tenga;
que no es verdad el que el Cielo
siempre ingenerable sea.

...

Notas:
Según la física aristotélica,
el cielo era "ingenerable"
(incorruptible) pero la marquesa
sería un "Cielo generable",   [1]
capaz de engendrar vida en
su vientre.

------ [1] = corruptible, por concebir. *(¿?)*

Aquel que conoce las escrituras, que es puro,
sin mancha de lujuria
y es el más grande conocedor de Brahman,
es el verdadero maestro.

(*De* "BHAKTI YOGA"   SWAMI
VIVEKANANDA.)

"PROBLEMAS RELIGIOSOS E HISTORIA COMPARADA DE LAS RELIGIONES." *(Cap, VII:b).*
EL PECADO ORIGINAL

... El ... pecado original es, según la exégesis de los teólogos cristianos que, el hombre primitivo perdió con ello cuatro DONES PRETERNATURALES: LA FELICIDAD, LA INMORTALIDAD, LA TENDENCIA AL BIEN Y LA CIENCIA INFUSA; y un DON SOBRENATURAL, que es LA GRACIA DIVINA.

Una interpretación racional del relato anterior podría resumirse en lo siguiente:
El hombre primitivo, compuesto en su origen de CUERPO y ESPÏRITU, FUE ASEXUADO (o QUIZÄ HERMAFRODITA) en su primera etapa. Tras ese sueño de la inconsciencia propia del estado de inocencia, apareció la dualidad sexual en la especie humana sin mengua de su pureza. Mas, llegó un momento en su evolución en el que adquirió el conocimiento concreto, y esto marcó el final de su inocencia, de su pureza instintiva y de su felicidad.
ESTOS HECHOS TAN BELLAMENTE DESCRITOS EN EL RELATO DE
MOISÉS, SON DE UN RIGOR LÓGICO Y DE UN DETERMINISMO CIENTÍFICO INSOSPECHADOS.
Hay una línea evolutiva del ser humano, marcada por las siguientes etapas:

a) Origen asexuado, inocente e instintivo.
b) Aparición de ambos sexos y del sentimiento.
c) Adquisición del conocimiento y libre albedrío.
d) Desarrollo de la razón discursiva y de la responsabilidad.

Como con mucha razón dijo ALFONSO GRATRY, "el hombre es una palabra de Dios, pero una palabra creciente, nunca acabada de decir, nunca conclusa (un FACIAMUS, no un simple FIAT)".

139 *AFIRMA LA BIOLOGIA QUE EL DESARROLLO ONTOGÉNICO DEL EMBRIÓN EN EL CLAUSTRO MATERNO, ES LA REPRODUCCIÓN DEL DESARROLLO FILOGENÉTICO DE LA ESPECIE, ... EL DESARROLLO DEL INDIVIDUO EN SUS PRIMERAS EDADES, REPRODUCIRÍA LA EVOLUCIÓN DEL HOMBRE PRIMITIVO en sus primeras fases de la vida terrenal. El niño es como Adán: inocente, instintivo, feliz, angelical e ignorante.*

ORIGEN ASEXUADO, INOCENTE E INSTINTIVO. EL EMBRIÓN HUMANO, AL PRINCIPIO BISEXUADO SE POLARIZA HACIA UN SEXO AL QUINTO MES DE VIDA INTRAUTERINA. El instinto sexual se despierta por término medio a los catorce años de edad. Durante ese período infantil ha vivido

154

INOCENTE, INSTINTIVO y con las cualidades espirituales de la GRACIA.

Estas son las características de Adán hasta que apareció Eva: INOCENCIA, ASEXUALIDAD y CIENCIA INFUSA o instintiva.

En el ser humano existe UNA SOLA FUERZA CREADORA manifestada ora hacia el polo NEGATIVO o SEXUAL, ora hacia el POSITIVO o CEREBRAL.—

ESTELA KÍ-CHÈ

155

140   *De* **"POP WUJ" - LIBRO DEL TIEMPO**

POEMA MITO-HISTÓRICO KÍ-CHÈ
Traducido por: ADRIÁN INÉS CHÁVEZ

... De una vez pensaron crear la humanidad y su
subsistencia; crearon el árbol y el bejuco, la
subsistencia de la vida y de la humanidad; esto fue
en la oscuridad, en la noche por el espíritu del
Cielo llamado "UN PIE", ...

... El tercer orgulloso es el segundo hijo de
Nuestras Siete Vergüenzas   [Orgullo, Ambición,
Envidia, Mentira, Crimen, Ingratitud, Ignorancia]
llamado "DOS PIES".
... "UN PIE", Último Rayo, Verdadero Rayo le
dijo a Un Cerbatanero SHBALANKÉ: Al
segundo hijo de Nuestras Siete Vergüenzas hay que
vencerlo, es mi decisión, porque su oficio no es
bueno sobre la Tierra. Se hacen fuertes criaturas,
pero no fueron creados para eso. -

El "Un Pie" OSIRIS

"Significa que no sexo, cual Osiris de Egipto, que está entre los dioses y aparece con Un Pié. Es un Concepto Eterno. "Dos Pies" simboliza la caída de la humanidad en las redes del sexo. Si tuviera dos pies, tendría dos piernas, lo que da lugar para sexo

141 *De* **"LEYENDAS DE GUATEMALA"**

Por MIGUEL ÁNGEL ASTURIAS

CUERO DE ORO... cuenta... su peregrinación por la selva de sus antepasados, donde la vida comenzó, y por la selva de sus sentidos en la noche, que es lo increado, la sombra, lo que no existe... "lo que no ha sido manifestado"...
Cuando, equiparándose a KUKULCAN (QUETZALCOHUATL) cuenta: las verdes serpientes me cubrieron los pies con sus plumas de kukul [quetzal] .
Culebras, que ya eran "SERPIENTES EMPLUMADAS", me convierten en "EMPLUMADA-SERPIENTE".
A partir de ese momento, que podría interpretarse como el del ACTO CARNAL, Cuero de Oro, la nueva encarnación de Quetzalcohuatl, siéntese atado y con
raíces.

Atado y enraizado al suelo como consecuencia de la epigénesis animal (acto carnal).
Bailaba en "UN   PIE", (ausencia de sexo por ser 'unípede' como Osiris).

Zeus parte a los "humanos" en dos, debilitando y complicándolos.

En la sombra del bosque me burlan los sentido:: oigo voces de arrieros. ...

Veo luces, chispas de fraguas volcánicas, faro, tempestades, llamas, estrellas; me siento atado a una cruz de hierro... En la oscuridad nada existe... Tomándome una mano con otra, bailo al compás de las vocales de un grito ¡a-e-i-o-u! ... ¡No existo yo, que estoy bailando en UN PIE! ....
¡Que mi mano derecha tire de mi izquierda hasta partirme en dos... para seguir bailando partido por la mitad... *[los dos sexos].—*

KUKUL: *en* Kí-chè; *en mexicano*: quetzal. *Ave símbolo de Guatemala.-*

142   *Las Escrituras nos ofrecen DOS NARRACIONES sobre la CREACIÓN DE LA HUMANIDAD.* (1)

En la primera, Génesis I:26   Y dijo Dios: "Hagamos al ser humano a nuestra imagen, como semejanza nuestra..."

Refirámonos a 'LA HUMANIDAD' SIMBOLIZADA POR ABRAM y SARAY. Una humanidad espiritual CONSTITUIDA POR SERES LUMÍNICOS, A IMAGEN Y SEMEJANZA DE DIOS, espíritu, no materia.

En SALMOS VIII:5 *leemos:*
"¿qué es el hombre para que de él te acuerdes?
¿el hijo de Adán para que de él te cuides?
v.6 APENAS INFERIOR A UN DIOS LE HICISTE,
coronándole de gloria y esplendor;...".

159

En estos versículos se nos presenta al hombre poco inferior al CREADOR, mas NO inferior a los ángeles, pero encontramos que PABLO nos dice en HEBREOS II:7: "Le hiciste un poco inferior a los ángeles, de gloria y honor le coronaste."
Como este versículo va precedido de: "v.6 Pues atestiguó alguien en algún
lugar", entendemos que Pablo se está refiriendo al SALMO VIII:6 que acabamos de citar: "APENAS INFERIOR A UN DIOS" (Bib.de Jerusalén); *y que la memoria no le fue totalmente fiel al decir "poco inferior a los ángeles".-*

[(1) *Leer* párrafo 87.
Aquí no consideramos las obras del Dr. Rudolf Steiner.]

143 GÉNESIS II:25 *leemos*:
"Estaban ambos desnudos, el hombre y su mujer, pero no se avergonzaban uno del otro".
Este versículo es altamente significativo en lo que a sexo se refiere, por cuanto sugiere que NO HABÍAN REPARADO EN DIFERENCIAS, O COMPLEMENTARIEDAD. ERAN SERES BRILLANTES CAPACES DE TRAER HIJOS DE LUZ MEDIANTE MENTAL PARTENOGÉNESIS. "Porque te hice de luz, y mi voluntad era traer hijos de luz de ti"
(The First Bk. Of Adam & Eve. XIII:14).-

SARAY y ABRAM *simbolizan el* REINO DIVINO *en que vivía la humanidad antes de su precipitación a las tinieblas sensorias de la tierra,*

160

ellos daban a Dios hijos de Luz, no de carne. El sexo no formaba parte del plan divino para la humanidad. Ello se atestigua en Génesis XI:30 "Saray era estéril,".- En Gn XVI:2 " y dijo Saray a Abram: 'Mira Yahveh me ha hecho estéril,'".-

También RAQUEL *(esposa de* JACOB) *era estéril.* Gn.XXIX:31.-

Igual que quien llegó a ser la madre de SANSÓN: Jue: XIII:2. Había un hombre en SORA, de la tribu de DAN, llamado MANOAJ. Su mujer era estéril...

JUAN EL BAUTISTA *nace de* ISABEL,. *Que era estéril y entrada en años* (LUCAS I:7). *Leemos en* Lucas XXIII:28 "Hijas de Jerusalén, no lloréis por mí; llorad más bien por vosotras y por vuestros hijos. 29 PORQUE LLEGARÁN DÍAS EN QUE SE DIRÁ: ¡DICHOSAS LAS ESTÉRILES, LAS ENTRAÑAS QUE NO ENGENDRARON!

Pero, precipitóse la transgresión tomando del árbol del centro del huerto, a instancia del rebelde, que quería sumir a la humanidad en oscuro destierro.
Desoyó el hombre la brillante propuesta divina, y se niveló por lo bajo en bestial sinrazón.-

Mucho tiempo había pasado la humanidad en su estado primigenio, sugerido por la "ancianidad" de Abram-Saray.

Pero ahora las cosas cambiaban. El hombre se soltaba de la mano de su CREADOR. *DESEABA*

EXPERIMENTAR LAS SENSACIONES ANIMALES,
"PREFIRIENDO EL ENJENDRO DE LA SANGRE, POR VOLUNTAD DE LA CARNE" (Juan I:13), *en lugar de permanecer con los eviternos cuerpos lumínicos libres de toda tribulación sensoria, nutridos de la luz.*

Hay DOS creaciones de la humanidad, una en el Cap. I y otra en el Cap. II del Génesis. *La del primer capítulo la realiza DIOS (Elohim) y es de carácter espiritual, SERES LUMÍNICOS, SIN PESANTEZ. La creación del segundo capítulo la realiza YAHVEH ELOHIM (YAHVEH DIOS, o JEHOVAH DIOS), y ES LA QUE SE PRECIPITA EN LOS CUERPOS DE BARRO SEGÚN LO DESCRIBE EL PSEUDO-JUAN EN SU EVANGELIO CÁTARO.-* (léase "Génesis" por Rudolf Steiner).-

La creación de los humanos, los Elohim la hacen a su imagen y semejanza, ALMAS ESPIRITUALES. Pero luego, con YAHVEH-ELOHIM LA HUMANIDAD ADOPTA LA GRAVIDEZ LUCIFÉRICA DE CARÁCTER PERECEDERO.

ABRAM-SARAY *no podían comprender que las almas hubieran decidido trocar el vuelo por el reptar. Pero era así, desafortunadamente. Tendrían que hacerse cargo de* ISAAC (LAS ALMAS) *y sacrificar su bienaventuranza en aras de terrícolas decepciones.-*

162

144 *La SEGUNDA descripción de la creación humana que encontramos en Génesis II:7 dice*: "Entonces JAHVEH Dios formó al hombre con polvo del suelo, e insufló en sus narices aliento de vida, y resultó el hombre un ser viviente".-
Lo que podemos expresar con estas palabras:
SACRIFICA ABRAHAM A SU HIJO ISAAC, PERO NO LO MATA.-

SE CAMBIA DE PLANO HABITACIONAL CON TODAS LAS CARGAS QUE ELLO SUPONE. Si antes se nutría con luz, ahora deberá alimentarse cual las bestias. Esto se aclara en Génesis II:**8**:

HABIENDO SIDO CREADO EL HOMBRE, "LUEGO plantó JAHVEH DIOS un Jardín en Edén, al oriente, donde colocó al hombre que había formado.
v.9 Jahveh Dios hizo brotar del suelo TODA CLASE DE ÁRBOLES DELEITOSOS A LA VISTA Y BUENOS PARA COMER."
Y al igual que las bestias, alimentado del suelo, será su cuerpo perecedero.
"Porque eres de polvo y al polvo tornarás."-
Génesis III:19. *(confrontar con Evangelio Cátaro del Pseudo Juan. – (párrafo 48;49).-*

145 *Si hubiera continuado nutriéndose de luz, no habría formado un cuerpo terrero con necesidades cual las de las bestias, y, consecuentemente, desconocería el tránsito de la muerte.*
Habían pasado ochenta y tres días desde que habían dejado su morada del Jardín, y estaban necesitando alimento y agua para continuar en este

163

destierro de su adopción, donde podían experimentar las sensaciones derivadas de la distinción de las DOS MITADES.

Leemos en "THE FIRST BOOK OF ADAM AND EVE" *Cap. LXV:*
Adán y Eva adquieren órganos digestivos. La última esperanza de retornar al Jardín se disipa.
v.2 Como sintieron gran turbación por el alimento que habían comido, (dos grandes higos), -lo que nunca habían hecho- fueron hacia la caverna diciéndose:
v.3 "¿Qué nos ha sucedido por haber comido, que nos invade semejante temor? ¡Miserables de nosotros, moriremos!
Nos hubiera sido mejor morir, que haber comido; y haber mantenido nuestros cuerpos puros, antes que mancharlos con alimento".
v.4 Y dice Adán a Eva: "Este temor no lo sentimos en el Jardín, ni comimos allí tan desgraciado alimento.
¿Piensas tú, Eva, que Dios nos atormentará mediante el alimento que está en nosotros; o que nuestro interior se revierta; o que Dios se proponga matarnos con esta pena antes que haya realizado Su promesa?
v.5 Entonces Adán suplicó al Señor diciendo: "Oh, Señor, que no muramos por causa del alimento que hemos ingerido. Oh, Señor, no nos castigues; mas trátanos de acuerdo con Tu gran misericordia, y ampáranos hasta el día de Tu promesa".

164

146 v.6 Y Dios los mira e inmediatamente LOS ADAPTA para que puedan asimilar alimentos, de manera que no vayan a perecer.

v.7 Luego Adán y Eva regresan a la caverna apesadumbrados y llorando por la alteración producida en su naturaleza. Y supieron que desde ese momento eran seres transformados y consecuentemente su esperanza de retornar al Jardín había concluido, siéndoles imposible su entrada en él.

v.8 Porque desde ahora sus cuerpos tendrán extrañas funciones, y toda carne que requiere alimento y agua para su existencia, no puede estar en el Jardín.

v.9 Y dice Adán a Eva: "He aquí que nuestras esperanzas de entrar al Jardín han sido eliminadas. Ya no perteneceremos a los habitantes del Jardín hasta que nos llegue la salvación prometida por Dios."

v.10 Oraban pidiendo a Dios que tuviera misericordia de ellos, tras lo cual sus mentes se aquietaron, sus corazones estaban quebrantados, y sus anhelos esfumados. Eran cual extranjeros en la tierra. Adán y Eva pasaron aquella noche en la caverna, donde durmieron profundamente debido al alimento que habían ingerido".-

147 *Ahora eran artífices de sus desafortunados destinos; y, tenían que hacerse cargo de las consecuencias del desatino de haber optado por la ELECCIÓN de una existencia llena de SENSACIONES, en lugar de aceptar la Vida plena de EMOCIONES que se les brindara en el*

Principio del PRINCIPIO con el mundo inmaterial de ABRAM-SARAY.
CREACIÓN-EMANACIÓN. FIAT LUX. TOHU VABOHU.
RUA-ELOHIM-AUR. Rua (>), soplo del **Ser**-por-**excelencia** *que se repliega en Aur (<),* **Luz inteligible**, *vibración-partícula que cimenta la estructura universal,* **inversión del pensamiento.**

UR, Fuego sempiterno de sustancia no degradable, mas siempre plena de energía, fusión-fisión percibible sólo por idónea mutación.
Allí estuvo ABRAM, *durante siglos; de allí partió errático en pos del habitat deseado por "adámico" atavismo. Calcina sus sentimientos para poder llevar a* SU HIJO (LA HUMANIDAD) *a la nueva morada de* SENSACIONES: *la* TIERRA.
Habitación destinada a los otros reinos, pero que al prevalecer los deseos por sobre los INEFABLES DESIGNIOS, *se ata a ella.*
Como aprendiz de hechicero creyó obtenerlo todo, pero la realidad le muestra reiteradamente que su erraticidad es impropia para conducirlo a prístino destino.
Háse de hallar el Cauce que nos permita colocarnos en el PUNTO INICIAL *que abandonamos, cambiando nuestro lumínico devenir por este terrero reptar.-*

148 *Leemos en el* "LIBRO DE LA VIDA" de **SANTA TERESA DE JESÚS**
Capítulo 38 [están respetados algunos arcaísmos]

...   y vínome un arrebatamiento de espíritu con tanto ímpetu que no hubo poder resistirle. Parecíame estar metida en el cielo, y las primeras personas que allá vi, fue a mi padre y madre, y tan grandes cosas –en tan breve espacio como se podía decir un avemaría- que yo quedé bien fuera de mí, pareciéndome muy demasiada merced.   ...

Andando más el tiempo, me ha acaecido y acaece esto algunas veces: ívame el Señor mostrando más grandes secretos; porque querer ver el alma más de lo que se le representa, no hay ningún remedio, ni es posible; y ansí no vía más de lo que cada vez quería el Señor mostrarme. Era tanto que lo menos bastava para quedar espantada y muy aprovechada el alma para estimar y tener en poco todas las cosas de la vida. Quisiera yo poder dar a entender algo de lo menos que entendía, y pensando cómo puede ser, hallo que es imposible; porque en sólo la diferencia que hay de esta luz que vemos a la que allá se representa, siendo todo luz, no hay comparación, porque la claridad de el sol parece cosa muy desgustada. En fin, no alcanza la imaginación –por muy sutil que sea- a pintar ni trazar cómo será esta luz, ni ninguna cosa de las que el Señor me dava a entender con un deleite tan soberano que no se puede decir, porque todos los sentidos gozan en tan alto grado y suavidad que ello no se puede encarecer, y ansí es mijor no decir más.

Había una vez estado ansí más de un hora, mostrándome el Señor cosas admirables, que no me parece se quitava de cabe mí. Díjome: "Mira, hija, qué pierden los que son contra Mí, no dejes de decírselo". ... Despúes quisiera ella [el alma] estarse siempre allí y no tornar a vivir, porque fue grande el desprecio que me quedó de todo lo de acá. Parecíame vasura, y veo yo cuán bajamente nos ocupamos los que nos detenemos en ello. ...

También me parece me aprovechó mucho, para conocer nuestra verdadera tierra y ver que somos acá peregrinos, y es gran cosa ver lo que hay allá y saber adónde hemos de vivir.

... los que sé que allá viven y parecerme aquellos verdaderamente los vivos, y los que acá viven, tan muertos que todo el mundo me parece no me hace compañía, en especial cuando tengo aquellos ímpetus.

Todo me parece sueño lo que veo –y que es burla– con los ojos del cuerpo; lo que he ya visto con los de el alma es lo que ella desea, y como se ve lejos, éste es el morir.- ...

149   *Cuando se nos presenta algo en lo cual no habíamos reparado, nuestra primera intención es colocarle un marbete, (frecuentemente lapidario), para encasillarlo sin mucho examen -a no ser en su aspecto negativo-   en nuestra cuadrícula mental que actuará como "lecho de Procusto".*

Así, se califica de PANTEÍSMO a las respuestas que en LA ENEIDA VIRGILIO pone en boca de ANQUISES,   respondiendo a preguntas de su hijo ENEAS:

"Desde el principio del mundo, un mismo espíritu interior anima el cielo y la tierra y las líquidas llanuras y el luciente globo de la luna y el sol y las estrellas; difundido por los miembros, ese espíritu mueve la materia y se mezcla al gran conjunto de todas las cosas; de aquí el linaje de los hombres y de los brutos de la tierra y las aves y todos los monstruos que cría el mar bajo la tersa superficie de sus aguas

Estas   EMANACIONES   DEL   ALMA UNIVERSAL   conservan su ígneo vigor y su celeste origen mientras no están cautivas en toscos cuerpos y no las embotan terrenas ligaduras y miembros destinados a morir; por eso temen y desean, padecen y gozan; por eso no ven la luz del cielo encerrados en las tinieblas de oscura cárcel.

169

Ni aun cuando en su último día las abandona la vida, desaparecen del todo las carnales miserias que necesariamente ha infiltrado en ellas, de maravillosa manera, su larga unión con el cuerpo; por eso arrostran la prueba de los castigos y expían con suplicio las antiguas culpas. Unas, suspendidas en el espacio, están expuestas a los vanos vientos; otras lavan en el profundo abismo las manchas de que están infestadas o se purifican en el fuego.

150 Todos los manes padecemos algún castigo, después de lo cual se nos envía a los espaciosos ELÍSEOS CAMPOS, mansión feliz, que alcanzamos pocos y a que no se llega hasta que un largísimo período, cumplido el orden de los tiempos, ha borrado las manchas inherentes al alma y la ha dejado reducida sólo a SU ETÉREA ESENCIA Y AL PURO FUEGO DE SU PRIMITIVO ORIGEN."-

Son bellos conceptos éstos que podemos considerarlos una expresión de la realidad.
Los rótulos de panteísmo, monoteísmo, dualismo, monismo, solipsismo, ateísmo, no deben influenciarnos para rechazar lo que haya sido engavetado por jurados tendenciosos o voceros obsecuentes.
Cada una de esas apreciaciones tiene su parte de verdad, grande o pequeña, y su coincidencia con las demás.
En este caso de la respuesta de Anquises podemos tomarla íntegramente como faceta de verdad.

Si EL SER está en todo sitio, todo objeto, piedra,
humano, ángel, está en ÉL.
No puede haber un ser en el que no Se encuentre,
porque en ese caso tendría límite Su
omnipresencia. Podemos inferir entonces, si así lo
preferimos, que Todo es Dios.
Que todo es Su manifestación.   Por eso nos dice
Virgilio que nuestro origen es de
"ETEREA ESENCIA Y PURO FUEGO".

'El cosmos todo es así'.-

Luego, cuando la noche en mitad de su carrera
ahuyenta el primer sueño;
a la hora en que la matrona, forzada de la necesidad
de ganarse su vida con la rueca
y con las delicadas labores de Minerva,
aventa las cenizas y las amortiguadas ascuas,
tomando para el trabajo parte de la noche,
y a la luz de su lámpara ejercita a sus criadas en
una larga tarea,
con lo que conserva la castidad del lecho conyugal
y atiende a la crianza de sus hijuelos, ...
(LA ENEIDA, PIBLIO VIRGILIO MARON; VIII
407/14)

151 *En* "THE ESSENE HUMANE GOSPEL OF JESUS".

The Edenite Society Inc., se amplían conceptos expresados en
"THE GOSPEL OF THE HOLY TWELVE":

Pg. 7 "Así Jesús dijo a sus discípulos el significado de la Sagrada Ley, sin cambios ni alteraciones, por ser perfecta. Pero condenó la ley falsificada y corrompida que las naciones pusieron ante el pueblo.

Prueba de ello puede aún encontrarse en muchas religiones occidentales, donde hallamos restos de la Sagrada Ley, como el celibato para el hombre y para la mujer y la ley de procreación, conducta en el matrimonio instituida por el honorable derecho a producir vidas únicamente, y no como licencia para estériles relaciones sexuales, que no son otra cosa que fornicación. Es fácil darse cuenta del por qué de la supresión de tales leyes sagradas, pues muchos prefieren la ilegalidad del pecado como oposición a las virtudes del bendito espíritu.-

pg. 57 23/8 ¡Ay! de aquellos que gustan de la intimidad con el sexo femenino y se casan para tener ilegítimas relaciones, están violando el templo de Dios.-

pg. 93 Se os ha dicho: No cometerás adulterio. Pero yo os digo: si un hombre y una mujer se unen en matrimonio con cuerpos enfermizos, y tienen hijos enfermos, son culpables; aun cuando no hayan tenido relaciones extramatrimoniales.

Y si algunos entran en matrimonio por RELACIONES CONTRANATURALES Y NO

172

PROCREAN PERO ESTÁN ÍNTIMAMENTE UNIDOS, SON ADÚLTEROS.

Y si alguien no ha tomado la mujer que pertenece a otro, pero la desea y persigue, ya ha cometido adulterio en espíritu.

Y nuevamente os digo, si alguien codicia y va tras la posesión del cuerpo de cualquier criatura, por alimento, o por placer, o por lucro, se está corrompiendo a sí mismo por ello, y así niega mis preceptos, y es culpable.-

152 "Porque del PADRE-SUPREMO nos viene toda vida y gloria, masculino y femenino. Por el ETERNO SUPREMO, el PADRE PRIMERO, se manifiesta toda clase de vida en existencia, y ÉL está en todos ellos, y todos ellos están en ÉL.

Entonces uno de los discípulos de Jesús le preguntó:

"Creemos lo que nos dices, MAESTRO, pero, ¿EL PADRE-SUPREMO CREÓ TODAS LAS COSAS PEQUEÑAS Y GRANDES TAL COMO LAS ESTAMOS VIENDO?"

Y Jesús les dijo: "Oíd y aprenderéis los secretos de la vida, en que toda vida viene del Espíritu Eterno y vive por ÉL, pero todas las cosas que veis ante vosotros no las creó el Padre-Supremo, ni aquellas cosas que no veis y no sabéis que existen. Os digo que en el comienzo de la gran CASA DE VIDA, el PADRE-SUPREMO contenía todas las cosas y toda vida, sin principio ni fin, ÉL FUE y ES, pero el Espíritu Eterno deseó no estar solo, sino derramarse en vida abundante.

"Así, ÉL dispuso traer a la existencia a la MADRE PRIMERA, la SACRA SABIDURÍA (ver párrafo 111), el ESPÍRITU SANTO del PADRE SUPREMO y JUNTAMENTE con DIOS PADRE-MADRE produjeron muchas creaciones, visibles e invisibles. Grandes son las maravillas del Padre-Supremo, pero muy poco conocidas por la terrestre humanidad."

153 Nuevamente uno de sus discípulos pregunta a Jesús:
"Dinos, Maestro, ¿fue entonces Dios Padre-Madre quien dio nacimiento a Adán en la tierra?".
Y Jesús respondió: "EL ESPÍRITU ETERNO DIO ORIGEN A LA MADRE, LA SACRA SABIDURÍA, para crear primero a las invisibles creaturas. *[Serafines, Querubines, Tronos – Kiriotetes (Dominaciones), Dynamis (Virtudes), Exusiáis (Potestades) – Arkáis (Principados), Arcángeles, Ángeles].*
ASÍ ES LA MADRE, EL ESPÍRITU SANTO o ALIENTO DE VIDA, y luego el SEGUNDO PADRE, a quien estáis viendo. JUNTAMENTE LA MADRE SAGRADA y el SEGUNDO PADRE dieron origen PRIMERO A LOS SAGRADOS ARCÁNGELES, Y A MUCHOS OTROS ÁNGELES de acuerdo con su condición y grado, pero NADA VIENE A LA EXISTENCIA SIN QUE EL PRIMER PADRE LO SEPA, porque ÉL está en todas las cosas y todas las cosas en ÉL.
Aquellos que tienen oídos presten atención para oír, porque la SANTA TRINIDAD DEL ESPÍRITU ETERNO CREÓ Y FORMÓ LA

HUMANIDAD TERRESTRE A IMAGEN DEL PADRE-SUPREMO. Sabed, pues, que lo femenino está en lo masculino y que lo masculino está en lo femenino, ésta es la sagrada naturaleza de todas las cosas nacidas

"Hay espíritus femeninos y espíritus masculinos, pero el mundo no conoce estos secretos que están más allá del conocimiento de la humanidad, porque grandes son los misterios del Uno a Quien vosotros llamáis Dios. Aun los ángeles no conocen todo de la Luz Inaccesible donde este UNO mora, porque Él es Sólo Uno, y no hay otro como este UNO, conocido como el UNO y TODO en todas las cosas y el Todo en Uno de cada cosa sagrada.

No os aflijáis, no os atormentéis por nada, el Conocimiento de este UNO es suficiente para vosotros por ahora. Yo fui enviado por este UNO para comunicar la Verdad-Suprema a la humanidad y al mundo angélico, y lo que he revelado satisface vuestras almas, pues el misterio es sagrado y solamente la progenie de Dios conoce el significado de eso y guardan la fe del enviado por el PADRE SUPREMO.

154 Y uno de los discípulos de Jesús le preguntó: "Justo Maestro, dinos entonces, ¿cuándo vendrá el Reino?"
Y Jesús contestó: "Cuando aquello que está fuera sea como aquello que está dentro, y cuando lo que está dentro sea como lo que está afuera, y, lo femenino como lo masculino, ni masculino ni

femenino, sino que ambos en Uno.   ¡Los que tengan oídos para oír que oigan!".

Y otro discípulo preguntó: "Justo Maestro, ¿cuándo han de ser recibidos los niños en la congregación de acuerdo con la orden del reino? Porque Moisés instituyó la circuncisión de la carne, que fue aceptada por los judíos."
Y respondió Jesús: "¿Cuándo, el Verdadero Dios del Cielo y de la Tierra ordenó tal mutilación de la carne?   Moisés ordenó la circuncisión del corazón, pero aquellos duros de corazón instituyeron la circuncisión de la carne siguiendo la costumbre de los paganos, que no guardan Mi Ley, ni conocen al Verdadero Dios de Amor. (1)

(1) [DEUTERONOMIO X:16 Circuncidad, pues, el prepucio de vuestro corazón, y no endurezcáis más vuestra cerviz.   XXX:6 Y circuncidará Jehová tu Dios tu corazón, y el corazón de tu descendencia, para que ames a Jehová tu Dios con todo tu corazón y con toda tu alma, a fin de que vivas.- JEREMÍAS IV:4 Circuncidaos a Jehová, y quitad el prepucio de vuestro corazón, ...]

"Os digo, desde tiempo inmemorial, para todos los que están en Cristo, la verdadera vid, ¡no hay corte de carne ni derramamiento de sangre!
Sabed que la costumbre de mutilación trae aparejado anhelo sensual y deseo de placeres ilícitos que enardecen el corazón y engendran toda clase de males.

155 "Sí, aquellos que practican tales cosas para autogratificación y el uso indebido del sexo están malditos como los demonios que inventaron estas cosas perversas. No os estéis entre quienes practican tales maldades como si fueran buenas, porque nada bueno viene de acaloradas pasiones encendidas con el fuego de ilegales relaciones. Tales seres han descendido más que los demonios que abandonaron la Sagrada Ley para su autodestrucción.

Con referencia a este tema, veamos lo que nos dice **THE GENERAL EPISTLE OF BARNABAS:** *Cap. VIII v.1* Y las escrituras nuevamente tratan lo relacionado

con nuestros oídos, que Dios ha circuncidado junto con nuestros

corazones. Así dice el Señor por medio de los profetas: Por lo que

han oído me obedecen.

v.2 Y nuevamente: Aquellos que están lejos, oirán y comprenderán

lo que he hecho. Circuncídense sus corazones, dice el Señor.

v.3 Y nuevamente dice: ¡Escucha, oh Israel! Porque esto dice el

Señor tu Dios. Y el Espíritu de Dios profetiza diciendo: Quien vaya

a vivir por siempre, que escuche la voz de Mi Hijo.

v.4 ¡Escucha, oh Cielo y presta oídos oh Tierra! Porque el Señor ha

dicho estas cosas para testimonio.

v.5 Oíd la palabra del Señor príncipe del pueblo. ¡Oíd vosotros! la voz del que clama en el desierto.

v.6 Porque ha circuncidado nuestros oídos para que podamos oír su palabra y creamos. Pero aquella circuncisión en la que creen los judíos ha sido abolida. Porque la circuncisión de la que habla Dios no es de la carne;

156 v.7 Pero ellos han transgredido sus mandamientos, porque el maligno los ha engañado. Esto les habló Dios; esto dijo el Señor vuestro Dios (Aquí encuentro la nueva ley): Sembrad no entre espinas, sino que circuncidaos para el Señor vuestro Dios.

¿Qué quiso significar con estas palabras?

Escuchen a vuestro Señor.

v.8 Y nuevamente dijo: Circuncidad la dureza de vuestros corazones y no seáis rebeldes. He aquí, dijo el Señor, todas las naciones están incircuncisas, pero este pueblo está incircunciso del corazón.

v.9 Pero diréis que los judíos fueron circuncidados por una señal.

Así también están todos los sirios y los árabes y todos los sacerdotes

idólatras; ¿pero son ellos por eso del pacto de Israel? También asimismo los egipcios son circuncidados.

157 v.10 Comprended por lo tanto estas cosas tan claramente como

Abraham, quien fue el primero que presentó la circuncisión con miras al futuro en el Espíritu de Jesús, recibiendo EL MISTERIO DE LAS TRES LETRAS.

v.11 Las Escrituras dicen que Abraham circuncidó TRESCIENTOS DIECIOCHO hombres de su casa. ¿Pero cuál fue el MISTERIO que se le REVELÓ por eso?

v.12 Marca primero los dieciocho, y luego los trescientos. Porque el valor numérico de las letras por diez y por ocho dan IH, lo que significa JESÜS.

v.13 Y como por intermedio de la cruz encontramos nosotros la gracia, añadió trescientos, cuyo valor es la T (símbolo de la CRUZ). De donde, POR DOS LETRAS SIGNIFICÓ JESÚS, Y POR UNA TERCERA, SU CRUZ.

v.14 Él, que ha injertado el regalo de su doctrina en nosotros, sabe que yo nunca enseñé a nadie tan genuina verdad.   Y estoy seguro que ustedes han sido enriquecidos por ello.-

Si queremos abundar en detalles sobre la circuncisión de oídos y de corazón, podemos hacerlo según estas referencias:

Gálatas II:2.3.7.8 – V:2.6 – VI:12.15
I Corintios VII:18.19
Filipenses III:2
Colosenses II:11.13
Tito I:10.11
Hechos XVI - XV controversia de Pablo y Bernabé
XI controversia de Pedro
Romanos II:29 - III:1.30.31 - IV:8.9.10.11
"The Essene Humane Gospel of Jesús"
"La Historia de Jesús" Hyspamerica, pg. 95 y 114.-

179

158 *El único Evangelista que menciona circuncisión es* Lucas, II:21:

"cumplidos los ocho días para circuncidar al niño, le pusieron por nombre Jesús," *Redacción similar a ésta la encontramos en los apócrifos de Taciano, en* "The Gospel of the Holy Twelve".
LA MENCIÓN DE LUCAS ES TEMPORAL, INDICANDO DESDE CUÁNDO LO LLAMARON JESÚS, NO DICE QUE LO HAYAN CIRCUNCIDADO, como dicen los apócrifos del "Pseudo Mateo" XV:1, el "Árabe de la Infancia" V:1 y "Ammonio" I:9.-
Es interesante lo que nos refiere el "Evangelio Armenio de la Infancia", donde dice que el misericordioso Joel se preparaba a realizar la ceremonia: "Y, al aplicarle el cuchillo no resultó de ello ningún corte en el cuerpo de AQUEL. Ante este prodigio, quedó estupefacto, y exclamó: He aquí que la sangre de este niño ha corrido sin incisión alguna. Y recibió el nombre de Jesús, ..."-

VEROSÍMILMENTE SE PUEDE INFERIR QUE JESÚS NO FUE CIRCUNCIDADO EN LA CARNE, Y TAMPOCO DE OÍDOS NI DE CORAZÓN, DADA SU JERARQUÍA.-

159 Y otro discípulo pregunta con referencia al verdadero y bendito matrimonio.
Jesús responde: "Yo os hablo de acuerdo con la Sagrada Ley, que es de tiempos antiguos, camino perfecto no alcanzado por los matrimonios de las

naciones que no guardan la Ley del Verdadero Dios.

"Además no tendréis que tener hijos hasta que primero guardéis la sagrada ley de apreciar las criaturas de la Casa de Dios, porque SI ELLOS NO CUIDAN DE LA MÁS PEQUEÑA DE MIS CRIATURAS, NO ESTÁN PREPARADOS PARA TENER HIJOS E HIJAS DE HOMBRE. Luego, si traen hijos, que lo hagan con total discernimiento y prudencia, de acuerdo con su posibilidad de tener una familia, porque ello es bueno y sagrado a los ojos de Dios.

"Pero si deciden no tener hijos, entonces permanezcan castos y puros y no manchen su carne con ardientes pasiones fogosas de naciones sin leyes. La vida casta es pura y santa y es bendecida en la humanidad.

"Se llega al matrimonio para satisfacer el apetito sexual, se pervierte lo que Dios ha declarado sagrado y puro, se procede de manera equivocada y de acuerdo con deseos y pasiones carnales. Y mucha vida es derramada sobre la tierra como sacrificio a Satanás. No seáis como estos hijos e hijas de las tinieblas, para que no corrompáis vuestro templo espiritual interior, porque verdaderamente os digo, quienquiera que derrame los preciosos fluidos de vidas en disipación, por causa de lujuria y placeres ilícitos, mata su propia alma y la de su hermana y hermano.—

"Domad vuestras pasiones. Los goces que
procuran los sentidos son como las
matrices de los sufrimientos que han de venir."

'LOS GRANDES INICIADOS'   EDOUARD
SCHURE
IV Vida de Rama.

FACSÍMIL DE GUTENBERG

"Mientras Eva estuvo en Adán,
la muerte no existía.
Cuando fue separada de él,
comenzó a manifestarse la muerte.
Si se vuelve a completar
Y lograr su primitivo estado,
cesará para siempre la muerte."

EVANGELIO COPTO APÓCRIFO
de FELIPE   69:23/27.
NAG HAMMADI LIBRARY.

II HERMAS COMMAND IV

Además, dijo, te ordeno que te mantengas casto y que no tengas pensamiento alguno respecto de otro casamiento, o de fornicación, porque esos pensamientos redundan en gran pecado.

2 DEBES ESTAR TODO EL TIEMPO CON LA MENTE EN EL SEÑOR Y ASÍ NUNCA PECARÁS. Porque si algún mal pensamiento surgiera en tu corazón serías culpable de gran pecado; todos los que obran así están en camino de muerte.

3 Mantente apartado de tales pensamientos. CUANDO LA CASTIDAD RESIDE EN EL CORAZÓN DEL HOMBRE JUSTO NO PUEDE SURGIR NINGÚN MAL PENSAMIENTO."

En el n. 4 se pregunta al Señor si es pecado continuar al lado de una mujer adúltera. En el 5 el Señor responde que mientras se ignore la situación no es pecado, pero una vez conocido el hecho, y la mujer no se arrepiente, si el hombre continúa a su lado está compartiendo las culpas de adulterio.

En el n. 6 queda establecido que el hombre debe continuar solo, pues si se casa comete adulterio.

En el n. 7 se dice que si la mujer se arrepiente y desea volver a su esposo, éste debe recibirla. Si no lo hiciere comete pecado y gran falta consigo mismo.

En el n. 8 se lee que el hombre no debe tomar otra mujer por cuanto está la posibilidad de que su esposa repudiada pueda arrepentirse.

En el n. 9 , todo lo dicho es tanto para la mujer como para el hombre, que cometen adulterio no sólo profanando sus cuerpos, sino también de pensamiento. [I Corintios VII:15].

En el n.10 se da como mandamiento, que tanto el hombre como la mujer separados, no vuelvan a casarse, por la posibilidad de que el adúltero se arrepienta y tenga la oportunidad de rehacer su matrimonio.-

"26 Y dije: Si uno de los esposos muere, y el sobreviviente se casa nuevamente, ¿peca por ello? *[Romanos VII:3 - I Corintios VII]. Y respondió*: EL QUE VUELVE A CASARSE NO PECA, SIN EMBARGO, SI PERMANECE SOLO, SE HACE MERECEDOR DE GRANDES MÉRITOS ANTE EL SEÑOR.

27 Conserva por lo tanto tu castidad y pureza y vivirás en Dios."-

164 *de* "THE PROPHET OF THE DEAD SEA SCROLLS By Upton C. Ewing

PLINIO EL VIEJO escribió: "LOS 'ESENIOS' (1) viven al oeste de las playas del Mar Muerto. Viven sin mujeres, renunciando a todo amor sexual."

Es obvio que Plinio se refería aquí a los habitantes del MONASTERIO DE QUMRAN, y a la secta en su totalidad.

De la misma manera escribió JOSEFO: "Ellos rechazaban el matrimonio, pero aceptaban niños de otros y los educaban de acuerdo con su costumbre. Además hay otros esenio que están de acuerdo con su modo de vida, costumbres, leyes, etc., pero difieren en lo concerniente al matrimonio."

Está bien verificado que EL CLERO ERA CÉLIBE.

Los líderes religiosos saduceos y fariseos contraían matrimonio y pasaban su oficio a sus hijos.

En tiempo de Jesús los esenios eran la única secta hebrea que se abstenía del matrimonio.

JAIME y JUAN EL BAUTISTA, tal como JESÜS, se abstuvieron del matrimonio, pues así estaba estatuido por el clero esenio.

PABLO, siguiendo el ejemplo del SEÑOR, adoptó la costumbre del celibato. En su EPÍSTOLA A LOS CORINTIOS, I Cor. VII:1 y sig. leemos: "En cuanto a lo que me habéis escrito, bien le está al hombre abstenerse de mujer. Digo a los célibes y a las viudas: BIEN LES ESTÁ QUEDARSE COMO YO. Pero si no pueden contenerse que se casen. En cuanto a los casados, les ordeno, no yo, sino el Señor:

Que la mujer no se separe del marido, mas en el caso de separarse, que no vuelva a casarse, o que se reconcilie con su marido, y que el marido no despida a su mujer.

Acerca de la virginidad no tengo precepto del Señor. Doy, no obstante, un consejo, como quien, por la misericordia de Dios, es digno de crédito. Por tanto, pienso que es cosa buena, a causa de la necesidad presente, quedarse el hombre así

¿Estás unido a una mujer? No busques la separación. ¿No estás unido a una mujer? No la busques. Mas, si te casas, no pecas. Pero todos ellos tendrán su tribulación en la carne, que yo quisiera evitaros.

El no casado se preocupa de las cosas del Señor.

El casado se preocupa de las cosas del mundo.

El que se casa con su novia, obra bien. Y el que no se casa obra mejor."-

El celibato del clero de la iglesia cristiana parece basarse en el ejemplo de Jesús y el precedente de los maestros de Qumran, es una continuación de la costumbre de los esenios o primeros cristianos.-

(1) Esenio, del hebreo "essin", o "assin" = pala o palita.
Como distintivo llevaban consigo una palita.

165 *de* **"DICCIONARIO DE SECTAS Y HEREGÍAS"** Luis Alberto Ruiz.

AGINIOS, secta cristiana del siglo XII, no consideraban al matrimonio como sacramento.-

ANABAPTISTAS fueron TOMÁS MÜNZER y JUAN DE LEYDEN que establecieron una "teocracia socialista" en Münster, el 10 de febrero de 1534. Juan de Leyden se hizo titular "rey de Israel". En ese reino se practicaba la comunidad de los bienes suntuarios, estaba prohibido el alcohol y el juego, así como la prostitución, y se penaba hasta con la muerte el adulterio.-

ANSELMO DE CANTERBURY, religioso inglés (1033/1109) santificado por la Iglesia Católica dijo que 'La mujer es la muerte del alma'.-

ATHOS o ATOS, pequeño estado montañoso, habitado por monjes desde los primeros tiempos del cristianismo. Protectorado de Grecia a partir de 1913, esta república monacal de tradición bizantina tiene aproximadamente veinte monasterios (llegó a tener casi doscientos), varias colonias agrícolas para su abastecimiento, y una población de cinco mil personas, que se divide en tres mil monjes y dos mil hermanos legos, que mantienen una organización primitiva. Su capital es KARYÉS, y tanto allí como en cualquier otro sitio del país, la entrada de mujeres está prohibida. En ese rocoso lugar de Grecia, los célibes y barbados monjes, casi todos de la regla de SAN BASILIO, han atesorado espléndidas piezas de arte religioso, manuscritos enjoyados, valiosa documentación, etc.-

166 BRAHMACHARYA, "la conducta que conduce a Dios", y que consiste en un dominio total de la materia y de los apetitos por medio del pensamiento o de la devoción. El brahmacharya perfecto es el celibato y la abstención sexual, los que la practican se denominan brahmacharis. En 1906 GANDHI, con el consentimiento de su esposa, hizo en Sudáfrica el voto de brahmacharya, lo que literalmente significa conducta que acerca a

Dios y cuyo significado técnico es la propia restricción, particularmente el dominio sobre los órganos sexuales.-

CALVINO prohibió todo tipo de juego, bebidas y transgresiones como el adulterio, las blasfemias y las hechicerías, que se pagaban con el destierro, cuando no con la muerte.-

CAODAÍSMO es una religión sincrética de VIETNAM, que resultó de la fusión de numerosas doctrinas y filosofías de oriente y occidente, como el budismo, el cristianismo, el taoísmo, el islamismo, etc. La estructura administrativa es parecida a la católica. Los sacerdotes de este culto pueden casarse, pero deben vivir con sus mujeres sin intercambio sexual y abstenerse también de carne y pescado y alcohol.-

167 CONSOLAMENTUM era el único sacramento que, por imposición de manos, administraban los OBISPOS CÁTAROS, y que reunía el bautismo, la confirmación, la confesión y la extremaunción. Los que recibían este sacramento eran denominados 'PERFECTOS', y desde entonces, debían observar absoluta continencia sexual, ayuno riguroso y renunciar a toda propiedad.-
COPTOS, son fieles de la iglesia cristiana independiente, de EGIPTO y ABISINIA. Los ritos se ejercen en la lengua GEEZ (o GUZ), el latín copto, que ya no se habla ni es comprendido por los sacerdotes que son célibes al igual que las monjas.-

168 "HEBBAT-al-CAIB, para los MUSULMANES, es el "PECADO ORIGINAL". Esas palabras designan la simiente del egoísmo y de la sensualidad que fructifica en el corazón del hombre. Una tradición afirma que el ARCÁNGEL GABRIEL se la había sacado a MAHOMA, por lo cual este profeta estaba libre de caer en pecado alguno.-

HERMANOS MORAVOS, oriundos de BOHEMIA y MORAVIA, misioneros radicados en HERNHUT, de LUSACIA, desde 1722. Como los esenios y los "Hermanos de los Apóstoles" practican la comunidad de bienes y de trabajo, viven en hermandad. Su moral es puritana y prefieren el celibato, aunque no descartan el matrimonio.-

169 JANSENISTAS, partidarios del sistema de JANSENIO, que defendía las opiniones agustinas sobre la supremacía de la Gracia para la salvación. Entre ellos tenemos a BLAS PASCAL. Para el jansenismo, el pecado original (de Adán y Eva) fue instrumento de corrupción profunda de la naturaleza humana, y solamente la gracia divina puede impedir al hombre que caiga en el deseo lascivo.-

MITRAÍSMO, religión persa popular cuya figura mítica principal fue MITRA, que también integró el panteón de la religión zoroástrica del antiguo IRÄN. Los sacerdotes eran célibes y de ambos sexos. Mitra era el mediador entre Dios y el hombre.-

170 ORÍGENES fue teólogo y metafísico cristiano, nacido en ALEJANDRÍA (185-254). Figura en la historia del cristianismo como organizador de la Biblia llamada "HEXAPLAR", que consistía en seis versiones diferentes de las Escrituras dispuestas en filas paralelas (versiones de los SETENTA, de TEODOTIÓN, de AQUILA, de SÍMACO, más una griega y otra hebrea). Orígenes se castró voluntariamente.-
PRISCILIANO, oriundo de GALICIA, de gran fortuna y gran inteligencia. Fue sacerdote instruido en las teorías de MARCIÓN, SABELIO, el maniqueísmo y el gnosticismo, doctrinas que difundió mezcladas con las propias, desde su sede del obispado de ÁVILA. Condenó el matrimonio y la procreación como hechuras demoníacas. Decapitado en 385.-
171 SIKHS, secta hindú llamados NIHANGSSINGHS, constituye un movimiento disidente del islamismo, llevan una vida independiente del poder oficial, se constituyen en brigadas, son célibes, hacen plegarias y llevan una vida nómade.-

SKOPZI ('CASTRADOS'). Sectarios religiosos rusos de la aristocracia, la alta burguesía y los intelectuales. Secta fundada por KONDRADT I J SELIVANOV en 1771. En la segunda mitad del siglo XIX tuvo gran expansión en las provincias de Orel, Petersburgo, Galitzia y también en RUMANIA. En este país los sectarios de la castración llegaron a los veinte mil adeptos. Entre los fundadores de la secta se destaca el ideal de la liquidación de la raza humana por el simple expediente de impedir el nacimiento de nuevas criaturas. Una de las vías más seguras era la castración, tanto de hombres como de mujeres. Para ello contaban con muy hábiles cirujanos que operaban a los adeptos sobre una mesa en forma de cruz.-

172 TEMPLARIOS, en origen fueron nueve hombres de guerra cristianos, europeos, que quedaron en JERUSALÉN con GODOFREDO DE BOUILLON y que se asociaron para proteger a los peregrinos de los ataques de los sarracenos. El inspirador fue HUGO DE PAYENS, y el grupo fue consagrado por el patriarca hierosolimitano, ante el cual pronunciaron los votos de castidad, pobreza y obediencia. Los caballeros llevaban un manto blanco como señal de castidad y limpieza de corazón; los de servicio, un vestido negro. Hay que evitar el trato con mujeres, proclamaban.-

173 TERAPEUTAS, constituían comunidades apartadas, especialmente en la región del LAGO MAREOTIS (BAJO EGIPTO), pero permitían la residencia de mujeres, siempre que pudieran soportar las condiciones del ascetismo que se les imponía a ambos sexos por igual.-

174 *De* **"AUTOBIOGRAFÍA DE UN YOGUI"** *por* PARAMAHANSA YOGANANDA.

Cap. XII pg. 122/3

El goce del vino y del sexo encuentran sus raíces en el hombre natural y no exigen ninguna delicadeza de percepción para ser apreciados.

La atracción de los sentidos es comparable al oleandro, siempre verde y fragante, lleno de flores multicolores, pero venenoso todo él.

La tierra de curación está en nosotros mismos, radiante de esa felicidad ciegamente buscada en miles de falsas direcciones.

"El hombre en su estado vigílico hace innumerables esfuerzos por experimentar los placeres sensuales; y cuando todo el grupo de órganos sensorios está fatigado, olvida los placeres que aún tiene a mano y busca el sueño para gozar del descanso del alma, su propia naturaleza," dijo SHANKARA, el gran Vedantista. "La ultrasensual felicidad es entonces fácil de obtener, y es muy superior a los goces de los sentidos, que siempre terminan en disgustos."

representando al hombre o la mujer, no tiene, sin embargo, sexo. El alma es la pura, inmutable imagen de Dios... Toda la buena discriminación se pierde para el hombre en la fútil satisfacción de los deseos elementales...

Así como un hombre vestido de mujer no se hace mujer, así el alma sí como el comer lleva el objeto de satisfacer el hambre y no la gula, así el instinto del sexo es un designio para la propagación de la especie, de acuerdo con la ley natural, y no para satisfacer insaciables deseos... Toda pasión natural puede ser dominada.-

El Árbol de la Vida es el cuerpo humano. La columna vertebral es como un árbol puesto al revés, con los cabellos como sus raíces; y los nervios aferentes y eferentes son sus ramas. El árbol del sistema nervioso contiene muchos frutos apetitosos: sensaciones de la vista, del sonido, del olfato, del gusto y del tacto. Por ello, el hombre puede gozarlos rectamente; pero le fue prohibida la experiencia del sexo, la "manzana" en el centro del jardín del cuerpo. ("De éste no comeréis, ni lo tocaréis, a menos que muráis." Génesis III v.3).
La "serpiente" representa la energía enrollada en la espina dorsal, que estimula los nervios sexuales.
"Adán" es la razón y "Eva" el sentimiento. Cuando la emoción o la conciencia de Eva en cualquier ser humano es sobrecogida por el impulso sexual, su razón, o Adán, también sucumbe. ("La mujer que me diste para estar conmigo, me dio del árbol; y comí". Génesis III v. 12/13).

Dios creó las humanas especies materializando los cuerpos de hombre y mujer por la fuerza de su voluntad; y dotó a las nuevas especies con el poder de crear hijos de tal "inmaculada" o divina manera. (Gén. I v.27/28).

DIOS o LA DIVINA CONCIENCIA en la primera pareja creada, les aconsejó gozar de todas las formas de la sensibilidad, pero no poner su poder de concentración en las sensaciones del tacto. ("Pero la serpiente –la fuerza sexual- era más sutil que ninguna otra bestia del campo –que cualquiera otro sentido del cuerpo- Génesis III v.1"). Esto le fue prohibido con el fin de evitar el desarrollo de los órganos del sexo, lo cual provocaría en la humanidad la caída en el método animal de la propagación. La advertencia de no revivir subconscientemente los recuerdos subyacentes en la memoria animal no ha sido escuchada. Tomando el camino de la procreación brutal, Adán y Eva cayeron del estado de alegría celestial que es propia del original hombre perfecto.-

Adán como "prima materia" atravesado por la flecha de Mercurio hace nacer de sí el "arbor philosóphica".- **del Códice Ashburn, 1166.**

196

176 *Dice* **SAN AGUSTÍN** en sus "CONFESIONES", Libro II Cap. II :

"Para que así las olas impetuosas de mi juventud, si es que no podían tranquilizarse enteramente, a lo menos se detuviesen en la orilla y playa del matrimonio, usando solamente de él para la procreación, como prescribe y manda vuestra ley, Dios mío y mi señor, ...

San Pablo hablando de los casados dice: No dejarán de tener tribulaciones en su carne, pero yo os perdono.

Y a los otros dice: Al hombre le sería mejor no llegar a la mujer.

Y después añade: El que está sin mujer, piensa en las cosas de Dios, y en cómo ha de agradarle; pero el que está casado piensa en las cosas del mundo, y cómo ha de agradar a su mujer."-

Tomado de **"THE GOSPEL OF BUDDHA"**
Compiled from ancient records by Paul Carus.
Chicago and London The Open Court Publishing Co. 1917

.

177 Cap. XLVI de Consolidación de la religión de Buda.

Dijo Buda: "Los actos malos de la humanidad se deben a diez motivos, evitadlos y los actos serán buenos. Hay tres pecados del cuerpo, cuatro de la lengua y tres de la mente. Los pecados del cuerpo son: asesinato, robo y adulterio.

Los de la lengua: mentira, calumnia, engaño y conversaciones inútiles.

Los de la mente: codicia, odio y error.

"Os exhorto a evitar los diez pecados:

" I. No matéis, tened compasión por toda vida.

"II. No hurtéis ni robéis. Ayudad a los demás a ser dueños de los frutos de su trabajo.

"III. Absteneos de toda impureza.   Llevad una vida de castidad. ...

Cap. LXVI de PARÁBOLAS E HISTORIAS.
EL PEZ ATOLONDRADO.

Era un mendicante que tenía gran dificultad en controlar sus sentidos y pasiones. Por ello resolvió abandonar la orden y fue hasta el Reverendo para que lo dispensara de sus votos. A lo que respondió el Reverendo:

"Presta atención, hijo mío, para que no entregues una presa a las pasiones de tu extraviado corazón. Veo que en anteriores existencias has padecido mucho por las malas consecuencias de la lujuria, y a menos que aprendas a superar tu deseo sensual, te verás arruinado en esta vida debido a tu desatino.

"Escucha esta historia de una existencia anterior tuya, como pez.

"Se veía al pez nadando vigorosamente en el río, jugando con su compañera.

"Ella, nadando adelante, repentinamente percibió las mallas de una red, y deslizándose presta, se libró del peligro.   Pero él, ciego de amor, deslizándose velozmente tras ella cayó prisionero en la red. El pescador la izó con el pez que se lamentaba amargamente de su triste destino, diciendo: 'éste es, indudablemente el triste fruto de mi desatino'.

"Seguramente hubiera muerto si el Bodhisatta (iluminado) no hubiera pasado por allí y, entendiendo el lenguaje del pez, tuvo piedad de él. Para salvarlo compró la pobre criatura a la que le dijo: 'Mi buen pez, hoy no he podido verte en todo el día, pudiste haber perdido tu vida. Te he salvado, pero en adelante evita el mal de la lujuria.' Al decir estas palabras, el Bodhisatta arrojó el pez al agua.

"Obra de la mejor manera posible en este tiempo de gracia que se te concede en tu presente existencia, y teme al dardo de la pasión, el que, si no controlas los sentidos, te conducirá a la destrucción.

178 Cap. LXXXI de Parábolas e historias.

LA FIESTA DE BODAS EN JAMBUNADA.

… El Bienaventurado huésped estaba complacido de ver tantos invitados felices, los vivificó y alegró con palabras de verdad, proclamando la gloria de la virtud:

"La felicidad más grande que un hombre pueda imaginar es contraer matrimonio, uniendo así los corazones amantes. Pero hay, sin embargo, una más grande felicidad: el logro de la verdad. La muerte separará el esposo de la esposa, pero no podrá afectar en modo alguno a quien se haya desposado con la verdad.

"Por ello, contraed matrimonio con la verdad y vivid con la verdad en sagrado matrimonio. El esposo que ama a su esposa y desea que la unión sea eterna, debe serle fiel cual si encarnara la verdad misma, y ella deberá confiar en él, reverenciarlo y atenderlo. Y la esposa que ama a su esposo y desea que la unión sea eterna, debe serle fiel cual si encarnara a la verdad misma, y él deberá depositar su confianza en ella, y deberá proveerle con lo necesario. En verdad, os digo, sus hijos serán como sus padres y darán testimonio de su felicidad.

"No esté el hombre solo, únase en sagrado amor a la verdad. Y cuando Mara, 'el destructor', comience a desleir la forma visible de vuestro ser, continuaréis viviendo en la verdad, y tomaréis parte en la vida eterna, porque la verdad es inmortal."-

Donde la comida se multiplicó
179 p. XXXIV de CONSOLIDACIÓN DE LA RELIGIÓN DE BUDDHA.

VISAKHA.

... Y una densa lluvia cayó durante la noche y la mañana siguiente. Las mendicantes se quitaron sus ropas para mantenerlas secas, dejando caer la lluvia sobre sus cuerpos.

... Visakha dijo: "He deseado siempre, Señor, regalarles ropas para la época de lluvias... y trajes de baño para las hermanas mendicantes. –Cuando llueve se ven precisadas a quitarse las ropas para que no se les moje; lo puesto es lo único que poseen- . No parecen hermanas mendicantes, sino desnudos ascetas dejando que la lluvia caiga sobre sus cuerpos.

... Además, Señor, las mendicantes tienen la costumbre de bañarse desnudas en el río Achiravati, en la misma rivera que las cortesanas. Y éstas las ridiculizan diciéndoles: '¿Qué tiene de bueno, damas, que mantengáis la castidad siendo jóvenes? Esperad a ser viejas para guardar castidad, y así tendréis placer mundano y consuelo religioso.'
Impúdica, Señor, es la desnudez para las mujeres, repugnante e indigna."

... El Señor dijo: "Bien, bien, Visakha, has hecho bien en pedir... la beneficencia otorgada a aquellos que son merecedores de ella, es como la buena semilla sembrada en suelo fértil, fructifica con abundancia. Pero la limosna dada a aquellos que están aún bajo el tiránico yugo de las pasiones, es como semilla arrojada sobre suelo árido. Las pasiones, del que recibe la limosna, sofocan el nacimiento de los méritos."

Y el Señor dio gracias a Visakha en estos versos:

"Oh, noble dama de vida correcta,
Discípula del Bienaventurado, tú das
Con pureza de corazón.

Tú esparces felicidad, mitigas aflicciones,
Y en verdad tu obsequio será una bendición
Tanto para los demás como para ti."-

180   Cap. XLII
... Pregunta el BIENAVENTURADO: "¿... cuándo un monje deja de ser monje?"
Y SARIPUTRA (importante discípulo de Buda) responde:
"El que se ha ordenado discípulo no debe cometer ningún acto falto de castidad. EL DISCÍPULO QUE COMETE UN ACTO FALTO DE CASTIDAD YA NO ES MÁS DISCÍPULO DE SAKYAMUNI (BUDDHA)."-

Cap. XXXIII   La conducta de los monjes hacia las mujeres.
Los monjes fueron al Bienaventurado y le preguntaron: "Oh, Tathagata (el Perfecto. Buda), nuestro Señor y Maestro, ¿Qué conducta hacia las mujeres prescribes para los samanas (ascetas) que han dejado al mundo?" Y el Bienaventurado dijo:
"Guardaos de mirar mujer alguna.
"Si veis a una mujer, consideraréis que no la habéis visto, y no conversaréis con ella.
"Si os veis obligados a hablarle, que sea con corazón puro, y pensaréis: 'Yo como asceta viviré

en este mundo pecaminoso como las inmaculadas hojas del loto, libre del lodo de sus raíces.'

"Si la mujer es mayor consideradla como vuestra madre, si joven, como vuestra hermana, si muy joven, como vuestra hija.

"El asceta que mire a una mujer como mujer, o la toque como mujer, ha quebrantado su voto y no es ya discípulo del Tathagata (Buda).

"La lujuria domina grandemente al hombre, y es para temerle. Tomad entonces el arco de la más firme perseverancia, y la flecha de sabiduría de aguda punta.

"Cubrid vuestras cabezas con el yelmo de correctos pensamientos y combate con firme determinación contra los cinco deseos.

"La lujuria oscurece el corazón del hombre cuando está enturbiado por la belleza de la mujer que aturde su entendimiento.

"Es preferible que un hierro al rojo os quite ambos ojos, que estimular en vosotros pensamientos sensuales, o perseguir formas femeninas con deseos lujuriosos." *[ver Mateo Cap. V v. 28/29].*

"Es mejor caer en las fieras fauces de un tigre, o bajo el filoso cuchillo del verdugo, que morar con una mujer que os provoque pensamientos lujuriosos.

"La mujer mundana está ansiosa por exhibir sus formas y figura, ya sea caminando, de pie, sentada o durmiendo. Hasta cuando se presenta en un cuadro desea cautivar con el encanto de su belleza, y así robar hombres de ánimo resuelto.

"¿Cómo debéis entonces cuidaros?

"Considerando sus lágrimas y sus sonrisas como enemigas, su forma inclinada, sus brazos caídos y

203

su desordenado cabello como herramientas destinadas a atrapar el corazón del hombre.

"Por lo tanto, os digo, reprimid el corazón, no le deis desenfrenada licencia."—

181 *Leemos en* "EL SRIMAD BHAGAVATAM de KRISHNA-DVAIPAYANA VYASA. Tercer Canto. El statu quo. Por S.D.V. A.C. Bhaktivedanta S. Prabhupada.

182 The Bhaktivedanta Book T. México 1979. Cap. V Texto 42 Significado.

... El alma condicionada está apegada a la concepción corporal del yo, y, por lo tanto, está inmersa en la ignorancia. Cultivar conocimiento acerca del ser puede provocar desapego del afecto material, y, sin un desapego tal, el conocimiento no tiene ningún significado. La vida sexual constituye el más obstinado de todos los apegos por el disfrute material. Aquél que está apegado a ella, se entiende que está desprovisto de conocimiento. El conocimiento debe ir seguido de desapego. Éste es el camino de la autorrealización.

Estos dos elementos esenciales de la autorrealización -el conocimiento y el desapego- se manifiestan muy rápidamente si uno les presta servicio devocional a los pies de loto del Señor. ... Sri Yamunacharya dice:

"Como mi corazón ha sido conquistado por el servicio devocional del Señor Krishna, ni siquiera puedo pensar en la vida sexual, y si se me vienen pensamientos acerca de ella, de inmediato siento adversión".-

Las religiones no olvidaron de ordenar el
ayuno y el ascetismo a sus fieles.   Todos
los profetas ayunaron cuarenta días; velaban
las noches, dormían muy poco, se abstenían
de comer carne [1] y así llegaban a tener
la clarividencia; percibían objetos a
lejanísima distancia, leían en completa
oscuridad y llegaban a ver por medio de la
luz interna.

("LA ZARZA DE HOREB", DR. JORGE
ADOUM).

[1] *Tema tratado en*
"Nuestro Alimento Según las Escrituras",
Hemilce Amílcar López
Editorial Kier, Bs. As.

184 *De* "SABIDURÍA HINDÚ", LIN YUTANG
Biblioteca Nueva, Bs. As. 1946.

EL SERMÓN DE BENARÉS

... La sensualidad debilita: el hombre indulgente consigo mismo, es esclavo de sus pasiones, y buscar placeres es degradable y vulgar.

... Ahora, ésta; ¡oh, BHIKKHUS! (monje, devoto religioso), es la noble verdad respecto del origen del sufrimiento: Verdaderamente, es aquel deseo que causa la renovación de la existencia, acompañado por el goce sensual, buscando la satisfacción ora allí, ora allá, el deseo por la satisfacción de las pasiones, el deseo por la vida futura, y el deseo por la felicidad en esta vida.-

PARÁBOLAS Y LEYENDAS BUDDHISTAS –
Una cortesana tienta al monje Océano-de-Hermosura.

... empleó aquella mujer todas las artes de la mujer. Y estando delante del monje recitó los versos éstos:
"Teñidos con laca y calzados con pantuflas estaban los pies de la ramera.
Tú eres joven, me perteneces.
Yo soy joven y soy tuya, del mundo nos retiraremos ambos, más tarde, y nos apoyaremos en el bastón."
El monje pensó: -" ¡Ay! ¡He cometido un pecado grave! ¡No reflexioné sobre lo que estaba haciendo!" Y se conmovió profundamente.

En este instante, el Maestro, aunque situado en medio de Yetavana, a cuarenta y cinco leguas distante, vio la escena íntegra y sonrió.

El monje Ananda le preguntó: -"¡Señor: ¿Cuál es la causa y la oportunidad de tu sonrisa?"

-"Ananda, en la ciudad de Rajagaha, en el último piso de un palacio de siete pisos, hay una lucha entre el monje Océano-de-Hermosura."

-¿Quién ganará, Reverendo Señor, y quién perderá?"

El Maestro contestó: -"Ananda, Océano-de-Hermosura ganará y la ramera perderá."

Habiendo pronunciado esto, el Maestro, quedándose sentado donde estaba, envió fuertemente una imagen luminosa de sí mismo y dijo: "Monje, renuncia a ambos deseos y líbrate de los apetitos". Diciendo así, pronunció el verso siguiente: "Quien en este mundo renuncia a las mujeres,

Quien siempre abandona la casa de la vida y se retira del mundo,

Quien siempre extinguió la esencia del deseo, tal hombre es un Brahman." [miembro de la casta brahmánica, la más alta de la India, de la que se eligen los sacerdotes, pero no forzosamente].-

185 LA FORMA BUDDHISTA DE VIVIR –

"Ninguna enseñanza sin bondad puede ser la verdadera enseñanza de Buda".

... Todos los seres vivientes, en los seis reinos de la existencia, son susceptibles a la tentación y la seducción. Como sucumben a esas tentaciones y lisonjeas, caen en el ciclo de la muerte y el renacimiento y quedan atados fuertemente a éstos.

Siendo propensos a sucumbir a las tentaciones y las lisonjas, se debe, para librarse de sus ligaduras y su intoxicación, concentrar la mente entera en la resolución de resistir hasta el último grado.

Las más importantes de estas seducciones son las tentaciones producidas por los pensamientos sexuales, los deseos y condescendencias, con todos sus despilfarros, esclavitudes y sufrimientos que siguen. Mientras uno no pueda librarse de estas cadenas y las contaminaciones y no pueda exterminar estas inclinaciones sexuales, no habrá una escapada de los sufrimientos que les siguen, ni habrá esperanzas en el adelanto de la iluminación y de la paz.

186 NO IMPORTA CUAN PODEROSO SEAS MENTALMENTE, SI NO HAS ANIQUILADO TODOS LOS DESEOS SEXUALES, CAERÁS ÚLTIMAMENTE EN LOS REINOS MÁS BAJOS DE LA EXISTENCIA. En estos reinos bajos de Mara (el Mal, el tentador, el destructor, el dios de la lujuria y del pecado), Hay tres rangos de males: El rey Mara, los demonios del mal y los femeninos enemigos, y todos tienen sus propios dobles, que se disfrazan de "ángeles de luz" cual si hubieran obtenido la Iluminación suprema. Despúes de mi Parinirvana (Cercano-Nirvana), en el último kalpa (Edad, o Ciclo) de este mundo, habrá abundancia de esta clase de espíritus malos en cualquier parte. Algunos de ellos te atacarán abiertamente, con avidez y concupiscencia, y otros te confundirán simulando ser santos y sabios maestros. Ninguno escapará a las maquinaciones que inducen a los pantanos de contaminación, perdiendo de esta manera el Sendero hacia la Iluminación.

187 **...** No pueden esperar obtener el Budismo con un cuerpo indecente. ¿Cómo pueden conseguir la experiencia maravillosa del SAMADHI (estado de éxtasis espiritual, conseguido mediante la meditación; el estado más elevado obtenido por el yoga), con obscenidad?

Si la fuente es indecente, su contenido será indecente; habrá continuas e interminables vueltas de muertes y renacimientos. Los deseos sexuales conducen a la multiplicación; el control mental y el Samadhi conducen a la iluminación y la vida del Budismo. La Multiplicación conduce a la lucha y el sufrimiento; el control de la mente y del Dhyana (la meditación en forma de práctica religiosa dirigiéndose a obtener una visión mística) conducen a la paz bendita del Samadhi y el Buddhismo.

188 La inhibición de los pensamientos sexuales y el aniquilamiento de los deseos carnales constituyen el sendero al Samadhi, y hasta la concepción de la inhibición y el aniquilamiento deben ser excluidos y olvidados.
Cuando la mente está bajo un control perfecto y todos los pensamientos indecentes están despedidos, entonces puede haber una expectación razonable hacia la Iluminación de los Budas. Cualquier otra enseñanza no es nada más que la enseñanza de los Maras perversos. Ésta es mi

primera exhortación respecto a guardar los Preceptos.

189 **...** (1) Por eso, Ananda, para enseñar al pueblo el último kalpa, para alejar todo deseo sexual, tendrás que enseñarles a librarse de todo homicidio y brutalidad cruel.

(1) Ellos no son los verdaderos discípulos de Buda. Si matan a los seres vivientes y comen la carne,ellos no se escaparán de este mundo triple.-

190 *De* **"LOS GNOSTICOS " de SERGE HUTIN**
.

 EL HOMBRE , PRISIONERO DE SU CUERPO.

"No tengáis piedad de la carne nacida de la corrupción -proclama una oración CÁTARA- pero apiadaos del espíritu aprisionado en ella".
El GNÓSTICO considera su cuerpo como la "PRISIÓN" donde se halla cautivo su auténtico YO.
... ¿Quién ha oscurecido tu ojo luminoso? Caes sin cesar de una miseria en otra, y ni siquiera lo adviertes**...**
¿Y quién te ha conducido al exilio, desde tu magnífica tierra divina, y te ha encerrado en esta sombría prisión? *[TEXTO MANIQUEO]*.

YO SOY UN DIOS, hijo de dioses, brillante, centelleante, resplandeciente, radiante, perfumado y hermoso, pero ahora he caído en la miseria.

Innumerables y repugnantes diablos se apoderaron de mí y me redujeron a la impotencia.
[TEXTO KANTEO].

191 Yo sufro en mi vestimenta corporal a la que ellos me trajeron y me arrojaron. (es el alma quien habla).
[GINZA, libro sagrado MANDEÍSTA].

El GNÓSTICO intransigente expresa una repugnancia invencible respecto de las diversas manifestaciones de la sexualidad ordinaria (deseo sexual, unión, concepción, nacimiento), ... EL CUERPO es algo ajeno a nosotros mismos, que debemos soportar... instrumento de humillación y de sufrimiento, ATRAE AL ESPÍRITU HACIA ABAJO, lo hunde en el sopor abyecto, EN EL DEGRADANTE OLVIDO DE SU ORIGEN.

BASÍLIDES y su hijo ISIDORO (grandes gnósticos cristianos), dan a las PASIONES el nombre de "APÉNDICES": no son cosas inherentes al alma, sino entidades malévolas y ADVENTICIAS, "PARTICULARIDADES" - instintos de lobo, de simio, de león, de macho cabrío- que PENETRAN EN EL ALMA, se adhieren a ella y producen deseos inferiores y groseros.

192 ... EL PUNTO DE PARTIDA DEL GNÓSTICO es el mismo que el de la FILOSOFÍA EXISTENCIALISTA contemporánea: el hombre ARROJADO al mundo. Pero el existencialismo se propone

"ABRIR" el yo al mundo, mientras que LA EXPERIENCIA GNÓSTICA SEPARA al yo del mundo, lo aleja del mundo.

EL GNÓSTICO DESCUBRE que por su esencia originaria pertenece a un más allá y QUE, SALVO EL CUERPO y las PASIONES INFERIORES, ÉL NO ES ORIGINARIO DE ESTE MUNDO, sino que pertenece a la raza (génos) de los ELEGIDOS, de los INQUEBRANTABLES, de los seres superiores, hipercósmicos.-

193 Se deba o no la salvación a un Salvador divino, la gnosis salvadora permite al alma ENTREVER EL FIN DE SU SUJECIÓN A LAS TINIEBLAS: podrá elevarse, de cielo en cielo, hasta la Luz de la que formaba parte en sus orígenes.-

Si estás hecho de VIDA y de LUZ, y ADVIERTES que ésa es TU NATURALEZA, volverás a la VIDA y a la LUZ. [POIMANDRÉS].

194 Su actitud respecto de la sexualidad domina toda la ética del gnosticismo. Es lógico que la aversión por el mundo sensible implique la aversión por la unión carnal. [leer párrafo 23 preguntas de Salomé]. La MUERTE DURARÁ HASTA CUANDO "HAYÁIS PISOTEADO EL ROPAJE DE LA VERGÜENZA, el cuerpo. Y CUANDO AMBOS -el macho y la hembra- SEAN SÓLO UNO, YA NO HABRÁ HOMBRE NI MUJER".

[fragmento (conservado por Clemente de Alejandría) del EVANGELIO DE LOS EGIPCIOS, escrito gnóstico del siglo II].

Sin duda, el creador malvado es el origen y la causa de toda la fornicación.
[LIBRO DE LOS PRINCIPIOS, obra CÁTARA]. Todo comercio carnal estaba prohibido.
Siguiendo el ejemplo de MARCIÓN, muchos gnósticos condenan toda relación sexual, aun dentro del matrimonio: el comercio carnal es una mancha; sobre todo, PERMITE APRISIONAR NUEVAS ALMAS EN EL REINO TENEBROSO. El objetivo de la continencia es esencialmente, para el gnóstico, evitar la procreación: INTRODUCIR NUEVAS ALMAS EN EL MUNDO ES ENCERRAR ESTOS "CHISPAZOS" DE LUZ EN LA MATERIA.
El matrimonio no puede ser un sacramento; la iglesia católica no hace sino dar una engañosa espiritualidad al acto carnal.-

195 En el GNOSTICISMO la PROCREACIÓN es mala en sí misma. SÓLO TOLERA EL MATRIMONIO COMO UNA CONCESIÓN NECESARIA A LA DEBILIDAD HUMANA.-
Los que no puedan llevar esa existencia ideal pueden satisfacer su instinto sexual sin dejarse dominar por él, y pueden casarse, SI ES QUE NO QUIEREN PERTENECER A LOS PERFECTOS.

El MANIQUEÍSMO admite el matrimonio para los simples legos, los auditores, pero los ELEGIDOS, en cambio, están obligados a un riguroso ascetismo, observando también un vegetarianismo estricto.-

El trovador rinde culto al arquetipo divino de la MUJER, a la "DAMA", a "NUESTRA DAMA DEL ESPÍRITU SANTO" oculta detrás del velo de las apariencias. La MUJER será DIOS en su aspecto femenino.-

Si bien condena el matrimonio terrestre, el gnóstico exalta con entusiasmo el 'HIEROS GAMOS', el "MATRIMONIO SAGRADO", las bodas divinas del PRINCIPIO MASCULINO con el PRINCIPIO FEMENINO.-

FUERON ASCETAS IMPLACABLES los MARCIONITAS, los MANIQUEOS, los CÁTAROS.

196 *Nos dice el* 'SABEÍSMO': el alma se volvió una vez hacia la materia; se prendó de ella y, ardiendo en deseos de experimentar los placeres corporales, ya no quiso separarse de ella. ASÍ NACIÓ EL MUNDO.

... Pero Dios, Quien no quería abandonar el alma en su DEGRADACIÓN con la MATERIA, la dotó de una INTELIGENCIA y de la FACULTAD DE PERCIBIR, dones preciosos que debían recordarle su divino origen: el mundo espiritual...-

El padre de MANES (fundador del maniqueísmo), oyó desde el fondo de un templo: "PATEK, no comas carne, no bebas vino y mantente alejado de las mujeres". [en el año 210].-

197 *El SABEÍSMO nos dice que el alma, al mirar a la "materia", deseó conocer los placeres que le ofrecía.*

De esta manera habría nacido este mundo de sensaciones y materialidad creciente, que atrapó a las almas que desobedecieron las prístinas instrucciones divinas, para dejarse aprisionar con los pesados grillos de la sensualidad.

Prevaleció entonces el deseo por la concupiscencia de la carne, contra la límpida aportación de genesíacas vibraciones coadjutoras en la plasmación de nuevas expresiones del SER.

Mientras continuemos repitiéndonos, las perspectivas por un nuevo modo de ser no estarán ni siquiera esbozadas.

Nuestra capacidad intelectiva continuará aletargada produciendo hechos atrapantes (o más bien esclavizantes) que deterioran nuestra ETÉREA NAO SIDERAL.

Luengo es el camino que nos conduce a la cúspide de ansiados logros. Seamos inteligentes para actuar con claridad meridiana minimizando las sombras de utilitaria tecnocracia.

Trascendamos la asignatura científica y aboquémonos a aquella otra que nos dará soluciones definitivas para los procesos impensados del devenir inefable que anhela desvelarse.

Nos queda todo por realizar, hasta ahora hemos dedicado nuestras habilidades al intento de suprimir el dolor y lograr mayor placer.

198 *¿Qué se ha conseguido? ¿Cuánto ha costado? ¿Fracasó el empirismo, el pragmatismo?*
Adoptemos otra metodología. Usemos además de la inteligencia, otra vía que nos prometa ser más rápida y segura.
Librémonos también (o primero) de la aciaga carga que nos imponemos para la perduración de la raza, costosa en denarios y aflicciones.
Que la energía una se aplique en "MAYORES PRODIGIOS". "Este poder proviene de la perfecta castidad y fe. Aquellos que son nacidos de Dios guardan su simiente en su interior." EL EVANGELIO DE LOS DOCE" Lección XCIII:3).

Encontramos apoyo a estas ideas en la BIBLIA, GÉNESIS III v.16: "A la mujer dijo: Multiplicaré en gran manera los dolores de tus preñeces; con dolor darás a luz los hijos".
E ISAÍAS en XIII:8 dice: "y se llenarán de terror; angustias y dolores se apoderarán de ellos; tendrán dolores como mujer de parto;..." *Y en mismo* Isaías XXVI:17 *leemos*: Como la mujer encinta cuando se acerca el alumbramiento gime y da gritos en sus dolores, ..."
JEREMÍAS *hace la misma alusión en* XIII:21 ... ¿No te darán dolores como de mujer que está de parto?
Y OSEAS en XIII:13 "Dolores de mujer que da a luz le vendrán,..."

216

También en el Nuevo Testamento hallamos las mismas expresiones; veamos en EPÍSTOLA DE PABLO A LOS ROMANOS VIII:22 : "Porque sabemos que toda la creación gime a una, y a una está con dolores de parto hasta ahora;"
Y en la EPÍSTOLA A LOS GÁLATAS IV:19 *leemos:* "Hijitos míos, por quienes vuelvo a sufrir dolores de parto, hasta que Cristo sea formado en vosotros..."

199 *SI LA PROCREACIÓN FUERA UN MANDATO DIVINO, TODO EL PROCESO SERÍA PLACENTERO, MAS NO SIENDO ASÍ, SURGEN DUDAS.*
Podrá argüirse aquello de: "creced y multiplicaos". [ver párrafo 48].
¿Habría tenido necesidad el Creador de recomendar tal menester?
Lo habrá establecido para todos los animales y vegetales. Ellos sí que parece no sufren y abastecen solos.
¿Los seres humanos se acoplan por obediencia a ese MANDATO, *o porque son* INTEMPERANTES?
A ese 'mandato', SÍ, todos obedecen complacidos, no importando el color de su creencia, o la falta de credo.

¿Tuvo dudas el Hacedor en que el hombre pudiera no proliferar?
¿Y si la recomendación fuera: CRECED MORALMENTE Y MULTIPLICAOS EN LA FE?
O, ¿si fuera un consejo luciférico? [párrafo 48].

217

En los DIEZ MANDAMIENTOS se nos pide que obremos de una manera bien definida.

Si la vida se termina a los pocos años de haber nacido, es posible cumplir con los Mandamientos Mosaicos. Si se prolonga por muchas décadas, también es posible su cumplimiento.

No ocurre lo mismo con eso de "creced y multiplicaos".

Para quienes no tuvieron la posibilidad de vivir más de una década, este mandato carece de validez, lo mismo que para aquellos que son estériles o enfermos.

200 SAN PABLO *nos dice* en su PRIMERA EPÍSTOLA A LOS CORINTIOS, cap. VII v. 7: Mi deseo sería que todos los hombres fueran como yo; mas cada cual tiene de Dios su gracia particular; unos de una manera, otros de otra.

v.8: No obstante, digo a los célibes y a las viudas: Bien les está quedarse como yo.

v.9: Pero si no pueden contenerse, que se casen; mejor es casarse que abrasarse.-

(Biblia de Jerusalén).-

-- ¿Te parece digno de un filósofo
buscar lo que se llama el placer,
como por ejemplo, el de comer y beber?
-- No, Sócrates.
-- ¿Y los placeres del amor?
-- De ninguna manera.

(FEDÓN)

... Hirióme con una flecha
Enherbolada de amor
Y mi alma quedó hecha
Una con su Criador;
Ya yo no quiero otro amor,
Pues a mi Dios me he entregado,
Y mi Amado es para mí
Y yo soy para mi Amado.

SANTA TERESA DE JESÚS.

203 *Tomado de* "LA GRANDE SÍNTESIS"
PIETRO UBALDI

Cap. LXXXII LA EVOLUCIÓN DEL AMOR.

¡Amor, tendencia fundamental de la vida, fuerza de cohesión que rige el universo, divina potencia de eterna reconstrucción!

Volveremos a encontrarlo siempre - indestructible- en formas infinitas, en todos los niveles del ser, y con ello el amor ascenderá, sublimándose, hasta el paraíso de los santos. También el amor -como el dolor- tiene una función básica de conservación, cohesión y renovación, y forma parte integrante del funcionamiento orgánico del universo; la tendencia no se destruye, antes bien se secunda y eleva; el deseo no se mata, sino que se guía hacia una elevación continua. Evolución de instintos, evolución de las pasiones, perfeccionamiento incesante de la personalidad (teoría evolutiva del psiquismo).

Incluso aquí observamos el amor en los diversos niveles y su ascensión. Trazaremos un nuevo aspecto de las vías de la evolución. El amor, que en el mundo animal constituye función predominantemente orgánica, adquiere en el hombre funciones de orden nervioso y psíquico, se complica, extiende su campo de acción, se refina y sensibiliza (si sabe evitar el peligro de una degradación neurótica) hacia una superación espiritual. Si ha menester no destruir sino hacer evolucionar las pasiones, es necesario - precisamente por ello- dominarlas y guiarlas, orientándolas hacia la fase espiritual.

Todo eso, que acentúa el elemento nervioso y sutil que es fascinación y simpatía de alma, gracia y arte, música, vibraciones y psiquismo; todo eso, que hace el perfume y la poesía del amor; todo eso -repito- que desmaterializa y espiritualiza, es evolución que os guía hacia la superación de las formas del amor humano. Estáis a las puertas de un nuevo reino, el amor místico y divino. Supremo éxtasis del que gozaron los santos, no constituye digresión agradable de romántico sentimentalismo, sino la más tempestuosa de las conquistas, la más alta tensión de dominio sobre las fuerzas biológicas, una lucha viril contra la animalidad en que se empeñan todas las fuerzas de la vida; yo entiendo un misticismo activo, que renuncia para crear, y no ese otro moderno misticismo vano neurotizado y sensualizado, enervante y enfermo, el cual, en medio de un artificioso complicarse de refinamiento, es en el espíritu ocio y melancolía.

204 Arriba, como caso límite de la evolución humana, se halla el amor divino; y no podemos pedir al hombre del término medio más que la máxima aproximación asimilable por sus capacidades de concepción y soportable por sus fuerzas. En las infinitas gradaciones de las aproximaciones de la perfección, cada cual, en su nivel, tratará de embellecer y elevar al todo lo más sus instintos y pasiones.
La meta es ese superamor rozado por los grandes; lo humano se eleva hacia lo divino mediante sucesivas destilaciones que demuelen abajo y reconstruyen cada vez más arriba. Ascensión de las pasiones, que forma parte de la ascensión de la

personalidad toda, de una transfiguración del "yo". Así, el vínculo substancial, al contraer toda unión de amor debe ser el amor; sin él todo es nulo y se reduce a una forma de prostitución, aun cuando sea convalidado por todas las sanciones religiosas y civiles. La forma no puede crear la substancia, de la que dependen la felicidad de los hijos y el porvenir de la raza.

205 Las formas de amor ascienden por grados y cada ser, desde el animal al salvaje, al hombre inculto y al intelectual, al genio y al santo, ama diversamente, conforme a las cualidades y grado de perfección por él alcanzado. Con la ascensión del tipo se transforma la expresión de ésta que constituye la mayor fuerza del universo. Siempre presente en toda altura, sus funciones (desde simplísima -en los seres inferiores- de multiplicar la especie) se enriquecen y se complican en una cantidad de tareas nuevas, se desarrollan en vastedad de acción. 'La hembra se transforma en mujer, el macho en hombre'.
... 'La mujer se transforma en ángel, el hombre en santo'.
En tal ascensión del amor hay una constante reabsorción de la tendencia socialmente disgregadora del 'egoísmo' y una emanación que pone en lugar de aquélla las fuerzas socialmente constructivas del 'altruismo'. La función del amor consiste en crear, conservar, proteger, y su desarrollo exterioriza e intensifica todas las defensas de una vida cada vez más compleja. Estas ascensiones no constituyen sueño estéril, antes bien, contienen la génesis de las fuerzas de

223

cohesión del organismo unitario de la futura sociedad humana. Altruismo necesario en un mundo más evolucionado, aunque pueda parecer utopía hoy, cuando es ya -a veces- un esfuerzo la sola extensión del altruismo al restringido círculo familiar. Reabsorción del egoísmo en el amor, inversión de tendencias, que es sólo un momento en el proceso de inversión de las fuerzas del mal en bien, de dolor en felicidad.

206   El egoísmo es restringido, su separatismo lo aísla y limita su goce. La ascensión del amor lo transforma -por expansión incesante- en una capacidad cada vez mayor de gozar. Hay en las alegrías ligadas al medio denso de la materia algo que se detiene y se malogra en los roces, más rápidamente que en las libres alegrías del espíritu. Éste abre de par en par los brazos al infinito y todo lo posee sin pedir más.

¡Cuánto espacio nuevo darán a la vida las más altas pasiones, cuánta finura y profundidad de goces experimentará el hombre futuro, que mirará, sin duda con horror las fiestas brutales de los sentidos, como las concebís hoy!   ¡Qué música será entonces la vida, fundida en la armonía del universo!   La pasión se desmaterializa hasta el superamor del santo, disfrute real y elevadísimo, fenómeno no asexual sino supersexual, tendiente hacia su término complementario, que está allende la vida, en el seno de las fuerzas cósmicas. En la soledad de los silencios inmensos, el santo ama, con el alma hipersensible inclinada y abierta a las vibraciones todas del infinito, en un impulso impetuoso y frenético hacia la vida de todas las criaturas hermanas. Si se os aparece solo, está con lo Invisible, al que tiende los brazos en el éxtasis de un abrazo supremo y vastísimo; algo de lo imponderable responde, inflama, nutre y sacia; en un incendio que convertiría en cenizas a cualquier ser común, arde el amor que abraza el universo; en un misterio de sobrehumana pasión, Cristo abre, dolorido, los brazos en la Cruz, y San Francisco, en Verna, abre los brazos a Cristo.-

207 P A R T E N O G É N E S I S - A G É N I T O

Reproducción de la especie sin concurso de los dos sexos.

A N U P A D A K A : Sin padres. Nacimiento de naturaleza divina.

JESÚS nació de MARÍA virgen.

MELQUISEDEC nació perfectamente desarrollado y hablando. [ver pár.220b]

KRISHNA nació de DEVAKI, concibió el dios VISHNÚ.

Los cinco Pandavas:

YUDHISTHIRA nació de KUNTI, concibió el dios DHARMA.

BHIMA " " KUNTI, " " " VAYU.

ARJUNA " " KUNTI, " " " INDRA.

NAKULA " " MADRI, " " " DASRA.

SAHADEVA " " MADRI, " " " NASATYA.

225

VAMANA nació de la virgen ADITI.

SHBALANKÉ " " " " ISHKIK (Pop Wuj. Kí-chè)

BLOM KI TZE [no tenían madre ni padre "
"

BLOM AKAB [no nacieron de mujer "
"

MAJ U KUTAJ [tenían mucha sabiduría "
"

IK BLOM [eran gentes sagradas "
"

BUDDHA nació de la virgen MAYA DEVI.

FO-HI " " " " HOA-SE, por radiación sobrenatural.

SARGON (Rey) de AKKAD nació de princesa virgen. [ver párrafo 223b].

TONANTZIN-COATLICUE, esta virgen azteca tocada por un ramo de plumas de colibríes quedó encinta. [el colibrí representa a la divinidad Sol].

Virgen madre druídica de Chartres.

HERA-JUNO virgen madre de los dioses.

ATARGATIS (o DARKETO) virgen madre Siria.

KUAN YIN, virgen madre hija de Amitabha, sentada con un chiquillo en una barca, emparentada con la Virgen medieval patrona de los océanos.-

SAVISHESHA: "Concebido distintamente". (Ishwara).

VIRGEN madre druídica de Chartres.

Kunti =Pritha.-

226

208 *Los AGAPETOS practicaban la castidad, pero lo hacían más penoso porque imponían a sus discípulos una vida comunitaria en la que ambos sexos se encontraban frente a frente todos los días. Desaparecen en el siglo IV combatidos por San Jerónimo.*

Los ENCRATITAS, doctrina que consideraba el matrimonio como un comercio ilícito y escandaloso. (siglo II).

Los PRISCILIANISTAS eran vegetarianos, reprobaban el matrimonio y tendían a la pureza de las costumbres.

La secta de SATURNINO (98-117) condenaba la unión física de los sexos, incluso en el matrimonio como fundamentalmente impura.

209 PLATÓN *dice en* "EL BANQUETE"

ES BELLO AMAR CUANDO LA CAUSA ES LA VIRTUD. Este amor es el de AFRODITA URANIA; es celeste por sí mismo; es útil a los particulares y a los estados, y digno para todos de ser objeto de principal estudio, puesto que obliga al amante y al amado a vigilarse a sí mismos y a esforzarse en hacerse mutuamente virtuosos. Todos los demás amores pertenecen a la AFRODITA POPULAR.

... complacer a los hombres moderados y a los que están en camino de serlo, y fomentar su amor, el amor legítimo y celeste, el de la musa URANIA. Pero respecto al de POLIMNIA, que es el amor vulgar, no se le debe favorecer sino con gran reserva y de modo que el placer que produce no pueda conducir nunca al desorden.

... Debemos, pues, distinguir cuidadosamente estos dos amores en la música, en la medicina y en todas las cosas divinas y humanas, puesto que no hay ninguna en que no se encuentren.

En otro tiempo la naturaleza humana era muy diferente de lo que es hoy. Primero había tres clases de hombres: los dos sexos que hoy existen, y uno tercero, compuesto de estos dos, el cual ha desaparecido conservándose sólo el nombre. Este animal formaba una especie particular, y se llamaba andrógino, porque reunía el sexo masculino y el femenino; pero ya no existe y su nombre está en descrédito.

Andrógino sobre la esfera alada del caos.
Viatotium Spagyricum,
Frankfurt, 1625.-

... ZEUS *se expresó en estos términos*: Creo haber encontrado un medio de conservar a los hombres y hacerlos más circunspectos, y consiste en disminuir sus fuerzas. Los separaré en dos; así se harán débiles y tendremos otra ventaja, que será la de aumentar el número de los que nos sirvan; *...*

Sea lo que quiera, estoy seguro de que todos seremos dichosos, hombres y mujeres, sí, gracias al amor, encontramos cada uno nuestra mitad, y así volvemos a la unidad de nuestra naturaleza primitiva.

209 b *Leamos a PLATÖN, lo que expone en:*

"FEDRO" (de la BELLEZA):

Lo que el hombre era en otro tiempo y lo que otra vez podrá volver a ser: "ANTES DE QUE EL ESPÍRITU DEL HOMBRE SE ENCENEGASE EN LA SENSUALIDAD, y fuese encarnado en la misma, debido a la pérdida de sus alas, VIVÍA ENTRE LOS DIOSES en el mundo aéreo (o espiritual), en donde todo es puro y verdadero".

y agrega en TIMEO: "HUBO UN TIEMPO EN QUE LA HUMANIDAD NO SE PERPETUABA COMO HOY, SINO QUE VIVÍA COMO ESPÍRITUS PUROS". Sentencia ésta análoga a la de JESÚS, cuando dice que los hombres, en el mundo futuro "NI SE CASAN NI SON DADOS EN MATRIMONIO, SINO QUE VIVEN COMO LOS ÁNGELES DE DIOS EN LOS CIELOS".- [ver párrafo 103].

["Fedro" y "Timeo" *citados por* Mario Roso de Luna *en* "El Libro que Mata a la Muerte"; pg. 105].-

210 *Veamos ahora algo de las enseñanzas de* **HERMES TRISMEGISTO** de "EL KYBALIÓN"

SÉPTIMO GRAN PRINCIPIO HERMÉTICO – EL PRINCIPIO DE GÉNERO encierra la verdad de que el género se manifiesta en todas las cosas, de que los principios masculino y femenino están siempre presentes y en plena actividad en todos los fenómenos y en cada uno de los planos de la vida. En este punto es bueno llamar la atención sobre el hecho de que el GÉNERO, en su sentido hermético, y el SEXO, en la acepción ordinariamente aceptada del término, NO SON LO MISMO.

La palabra "género" deriva de la raíz latina que significa "concebir, procrear, generar, crear, producir".

Un momento de consideración sobre el tema demostrará que esa palabra tiene un significado mucho más amplio y general que el término "sexo", pues éste se refiere a las distinciones físicas entre los seres machos y hembras. El sexo no es más que una mera manifestación del Género en cierto plano del Gran Plano Físico: el de la vida orgánica. Es necesario que esta distinción se imprima en la mente, porque ciertos escritores que han adquirido algunas nociones de filosofía hermética han tratado de identificar este séptimo principio con torpes y a veces represibles teorías y enseñanzas concernientes al sexo.

El oficio del género es solamente el de crear, producir, generar, etc., y sus manifestaciones son visibles a todos los planos fenoménicos...

211   átomo está compuesto por una multitud de corpúsculos, electrones o iones (diversos nombres de lo mismo), que giran unos en torno de otros y vibran con un elevado grado de intensidad.

Los corpúsculos positivos parecen ejercer cierta influencia sobre los negativos, impulsando a éstos a constituir ciertas combinaciones que dan como resultado la

"creación" o "generación" de un átomo. Y esto está perfectamente de acuerdo con las más antiguas enseñanzas herméticas, que han identificado siempre al PRINCIPIO MASCULINO del género con lo "POSITIVO" y al FEMENINO con lo "NEGATIVO", como en la electricidad, por ejemplo...

La palabra "POSITIVO" significa algo real y fuerte comparada con la irrealidad o debilidad del "NEGATIVO".

Pero nada está más lejos de los hechos reales que los fenómenos eléctricos. El polo negativo de la batería es realmente el polo en y por el cual se manifiesta la generación o producción de formas y energías nuevas. Nada hay de "negativo" en él. Actualmente se emplea la palabra "CÁTODO" en vez de "negativo", derivado de la raíz griega que significa "desciende, el recorrido o camino de la generación".

El CÁTODO es el PRINCIPIO MADRE de los FENÓMENOS ELÉCTRICOS y de las más SUTILES FORMAS DE MATERIA

212 Cuando un corpúsculo femenino se une a otro masculino, empieza determinado proceso. Las partículas femeninas vibran más intensamente bajo la influencia de la energía masculina y giran rápidamente en torno de esta última. El resultado es el nacimiento de un nuevo átomo, que está compuesto por una unión de electrones masculinos y femeninos, pero cuando la unión se efectúa, el átomo es una cosa separada, que posee ciertas propiedades, pero que ya no manifiesta más la propiedad de electricidad en libertad. El proceso de DESPRENDIMIENTO o SEPARACIÓN de los ELECTRONES FEMENINOS se llama "IONIZACIÓN". Estos electrones o corpúsculos son los obreros más activos en el campo de la Naturaleza. De sus uniones o combinaciones surgen las diversas manifestaciones de la luz, del calor, de la electricidad, del magnetismo, de la atracción, de la repulsión, de las afinidades químicas y sus contrarios, así como otros fenómenos de índole similar. Y TODO SURGE de la operación del PRINCIPIO DE GÉNERO en el PLANO DE LA ENERGÍA...

EL PRINCIPIO HERMÉTICO DE GÉNERO se manifiesta en todo el campo de la materia inorgánica, así como en el campo de la energía... encierra la verdad de que están siempre en acción los principios masculino y femenino, tanto en el plano físico como en el mental y el espiritual. En el mundo físico se manifiesta como sexo, y en los planos superiores toma formas más elevadas. Este principio creador obra siempre en el sentido de "generar", "regenerar" y "crear". Cada ser contiene en sí mismo los dos elementos.

Adviértase que este principio nada tiene que ver con las perniciosas y degradantes teorías, enseñanzas y prácticas que no son más que una perversión del gran principio natural de generación. Tales teorías y prácticas no son más que la resurrección de las antiguas doctrinas fálicas, que sólo pueden producir la ruina de la mente, del alma y del cuerpo.   La FILOSOFÍA HERMÉTICA siempre ha alzado su verbo de protesta contra esas licencias y perversiones de los principios naturales.-

La gran multitud de mañana
surgirá de la desesperación de estas tinieblas.
y cuando toda la Humanidad se haya
perfeccionado,
y los hombres sean iguales, en poderes y derechos,
entonces, sólo entonces surgirá un hombre nuevo,
y comenzará la verdadera infancia de los hombres.

"PARACELSO" de **BROWNING**
Robert Browning 1812/1889
Poeta místico

213 HECHOS DE PEDRO No mencionados en la BIBLIA.
Lo leemos en THE NAG HAMMADI LIBRARY
THE ACT OF PETER - BG 128
[reducida la extensión del texto]

... Oye, Pedro, en nuestra presencia has hecho ver a los ciegos, oír a los sordos, caminar a los lisiados... ¿Por qué no has ayudado a tu hermosa hija virginal creyente en Dios, que permanece hemipléjica? ...

Pedro dijo: Sólo a Dios es evidente el por qué su cuerpo está en esas condiciones. No fue por ineficacia de Dios que así se halle. Debemos inferir de que ello nos conduce a acrecentar nuestra fe.

... Pedro mira a su hija y le dice: ¡Levántate!, que sólo Jesús te ayude. Y camina rehabilitada ante los presentes. ¡Ven hacia mí!

Así lo hizo. La gente se alegró muchísimo.

Pedro les dijo: He aquí que habéis sido testigos de que Dios es todopoderoso...

Y dijo a su hija: Vuelve a tu lugar y reasume tu invalidez, pues ello es beneficioso para ti y para mí.
...

214 La multitud gritaba y pedía a Pedro que la sanara. ...

Dice Pedro: Cuando ella nació, el Señor me dijo en una visión: Pedro, hoy ha nacido para ti una gran prueba. Esta hija tan bella será codiciada por muchos, si su cuerpo permanece saludable...

Cuando la niña cumplió diez años hubo muchos que la pretendían. Un tal Ptolomeo la hizo raptar...

y la niña se tornó hemipléjica... con lo que el Señor salvaba a su creyente de profanación, violación y destrucción... La niña fue devuelta inmediatamente a sus padres.

... Ahora se comprende por qué la niña permanece así. ...

215 En los **MISTERIOS DE ELEUSIS**, a los neófitos se les representaba un drama hecho por los poetas anónimos eleusinos, guiados por el hierofante; sus personajes:
HERMES, DEMÉTER, PERSÉFONA, CORO DE LAS NINFAS, EROS.
Concluye Hermes de esta manera:
¡Oh, aspirantes a los Misterios, cuyas vidas están todavía oscurecidas por los vapores de una vida malvada: ésta es vuestra historia!
Recordad y meditad esta frase de EMPÉDOCLES:
La generación es una destrucción terrible que hace pasar a los vivos en los muertos. Otrora habéis vivido la verdadera
Vida y luego, atraídos por un encantamiento, habéis caído en el abismo terrenal, subyugados por el cuerpo. Vuestro presente no es más que un sueño fatal. Sólo existen verdaderamente el pasado y el porvenir. Aprended a recordarlo, aprended a preverlo.-

"Para el alma que viene del cielo, el nacimiento es una muerte"
EMPÉDOCLES.

216 *LEAMOS algunos párrafos de*"THE **ABRAHAMIC STORY** by J. TODD FERRIER.

- The Order of the Cross, 10 de Vere Gardens Kensington, London, W.8

ABRAHAM Y SARA REPRESENTAN EL REINO DIVINO DEL PLANETA en los días de perfecta pureza y luz, antes de la caída y cuando sus hijos todavía no habían descendido a la tierra de tinieblas.

... De ellos nació ISAAC, el hijo de la promesa. Isaac fue el ALMA. Es mediante el logro y realización del Alma, que todos los pueblos serán bendecidos.

... La parte de historia de ISAAC contiene un gran MISTERIO CELESTIAL. El ALMA-PLANETARIA, cual glorioso SER CELESTIAL tuvo que dejar el ESTADO DE ISAAC EN LO DIVINO, sacrificialmente, [ver párrafo 142 y Génesis III],
Para la generación de muchos hijos en el PADRE-MADRE en QUIEN también todos serán bendecidos. Isaac es el lugar de reunión de la bendita PROMESA a Abraham quien ofrece en sacrificio a Isaac.

217 ... La historia, aún en sus detalles, es maravillosa por su significación. Se dice que de ISAAC, a través de REBECA, nació JACOB. Esa parte de la historia que se encuentra en Génesis es una gran corrupción de la historia de YA-AKOB-EL, el ÁNGEL PLANETARIO, y su

236

relación con las DOCE TRIBUS de Israel. Pues el gran propósito de la creación, generación y formación ABRAHÁMICA DE LAS ALMAS en este mundo a través del SACRIFICIO DE ISAAC, y la transmisión a través de aquella ALMA-SACRIFICIO, de potencia Celestial, y por lo tanto la bendición de atmósferas Angelicales y Amor -bendición para ser compartida por todos los hijos engendrados- fue, que este mundo debió haber sido el perfecto reflejo d**...** La historia, aun en sus detalles, es maravillosa por su significación. Se el MUNDO ANGÉLICO mismo, dentro de todos sus reinos.

Así lo fue por mucho tiempo, en un JARDÍN DEL EDÉN donde DIOS caminaba personalmente y conscientemente con SUS hijos mayores, SUS Servidores, con los miembros de la Jerarquía, y con Ya-akob-El.

Y había también un mundo en el que los Ángeles caminaban con los hijos menores que NO PODÍAN ANDAR CON DIOS conscientemente, porque no habían llegado a ese elevado estado. Pero podían andar con DIOS en SUS Ángeles, y recibir el mismo soplo del mundo Angélico y toda la cultura que ese mundo podía traer.

Los hijos mayores que caminaban con DIOS conscientemente en el Jardín del Edén, estaban en comunión con ÉL conociéndoLO.

LO conocieron mediante su estado interno de conciencia Abrahámica, de acuerdo con LA ORDEN Y GRADO en que habían REALIZADO A BRAHM.

... Como HIJOS DE LA LUZ, vosotros tenéis necesidad de caminar en ella. La Luz nunca brilló más radiante que desde que caísteis en las tinieblas resultantes de la gran traición, ha estado brillando para vosotros desde días lejanos a través del ministerio del GRAN AMOR efectuando la recuperación del MENSAJE de vuestra historia, la historia de vuestro Divino parentesco, el significado de vuestros grandes Ministerios-terrenos, y el sendero, movimiento y carga de vuestro Trabajo.

Vosotros estáis relacionados con Abraham, Isaac y Ya-akob-El; porque sois todos miembros del glorioso sistema del cual esta TIERRA fue un HOGAR PLANETARIO.

218 La Tierra debió ser una ESTACIÓN CELESTIAL GENERADORA para la provisión de vehículos mediante los cuales las amorosas Almas creadas en el CORAZÓN DEL SISTEMA, pudieran surgir a la manifestación y crecer a través del movimiento Divino dentro de ellas, mediante el desarrollo de las Divinas potencias de sus Seres, la profundización de sus sentidos de VIDA DIVINA, y la extensión de su visión con la gradual exaltación de su conciencia, hasta que pudieran saber cómo fueron conocidas, primero Ya-akob-El, luego Isaac y después Abraham. En razón de que el ALMA crece por grados para conocer al Divino PADRE-MADRE.

... Si algo no puede ser un servicio para Él, no lo hagáis. No sería correcto. Sed Sus Amigos para que la Gloria con la que Él llena el Santuario de vuestro Ser, pueda derramarse a través de vosotros, hasta que vuestro semblante se torne radiante como el sol.   *[ver Mateo   XIII:43 y Éxodo XXXIV:29,30,35].*

Así brillaréis por ÉL aun sobre la Tierra entre sus oscuras condiciones, y compartiréis la gloriosa producción del DIVINO SOL a vuestro nivel, que será el nivel de VUESTRA REALIZACIÓN DE SU GLORIA. ...-

219

"Soy una chispa del Infinito.
No soy carne ni huesos.
Soy luz."
"Padre Celestial,
las células de mi cuerpo están hechas de luz,
mis células carnales están hechas de Ti.
Ellas son Espíritu,
porque Tú eres Espíritu;
son inmortales,
porque Tú eres Vida."-

"META
PHYSICAL MEDITATIONS"
PARAMAHANSA YOGANANDA

220 *Leemos en*: "LOS GRANDES INICIADOS" *de* EDOUARD SCHURE

VIDA DE RAMA (cap. IV)

"Por su fuerza, por su genio, por su bondad, dicen los libros sagrados del Oriente, RAMA había llegado a ser el dueño de la INDIA y el rey espiritual de la Tierra. Los sacerdotes, los reyes y los pueblos se inclinaban ante él como ante un bienhechor celeste.

... Una mujer bella se le acercó; llevaba una magnífica corona, la cabellera tenía el color del oro, su piel la blancura de la nieve y sus ojos el brillo profundo del azul del cielo después de la tempestad.

Ella le dijo: 'Yo era la druidesa salvaje; por ti he llegado a ser la ESPOSA RADIANTE. Y ahora me llamo SITA. Soy la mujer glorificada por ti, soy la raza blanca, soy tu esposa: ¡oh mi dueño y mi rey!: ¿no es por mí por quien tú has franqueado los ríos, encantado a los pueblos y dominado a los reyes?

He aquí la recompensa. Toma esta corona de mi mano, colócala sobre tu cabeza y reina conmigo sobre el mundo.'

Se había arrodillado en una actitud humilde y sumisa, ofreciendo la corona de la Tierra. Sus piedras preciosas lanzaban mil fuegos; la embriaguez del amor sonreía en los ojos de la mujer. Y el alma del gran Râma, del pastor de pueblos, se emocionó.

Pero sobre lo alto de las selvas, Deva Nahousha [sánscrito: Divino Redentor], su Genio, se le apareció y le dijo: 'Si pones esa corona sobre tu cabeza, la inteligencia divina te dejará y no me verás ya. Si abrazas a esa mujer, morirá de tu felicidad. Si renuncias a poseerla, ella vivirá dichosa y libre sobre la Tierra y tu espíritu invisible reinará sobre ella.

Elige: escúchala o sígueme.'

Sita, aún de rodillas, miraba a su dueño con ojos llenos de amor, y suplicante esperaba la respuesta.

Râma guardó silencio un instante. Su mirada, sumergida en los ojos de Sita, medía el abismo que separa la posesión completa del eterno adiós.

Pero sintiendo que el amor supremo es una renuncia, la bendijo y le dijo:

'Adiós. Sé libre y no me olvides.' ..."-

220 (b) En **"Los Secretos de Enoch"** *leemos:*

Sofonin cayó muerta a los pies de **Nir**, su esposo. Del cuerpo inerte de Sofonin nació un niño perfectamente desarrollado y que también hablaba.

Cuando los hermanos **Nir** y Noé habían sepultado a la anciana y regresaron a la casa, el niño estaba sentado en la cama alabando al SEÑOR. Había sido engendrado por Dios y tenía como destino ser el **Sumo Sacerdote Merquisedec.**

Sofonin era estéril y entrada en años; su esposo Nir había sido ungido sacerdote por MATUSALEN. Éste, abuelo de Nir.

Sofonin juró que no sabía cómo podía estar embarasada, pues era estéril, entrada en años y no había tenido relación con hombre alguno.- Del libro "Los secretos de Enoch"

221 *Leemos en:* "LA RELIGIÓN DE LA NATURALEZA" *del* DR. EDUARDO ALFONSO:

Ley de oposición senso-espiritual.
"El desarrollo de facultades superiores está en razón inversa del cultivo de la sensualidad. Muy cierta es esta idea refiriéndose al sexo, pero también es cierta para todos los demás sentidos y sensaciones, cuyo uso como deleite (gula, paraísos artificiales, etc.), y no como defensa o fuente de enseñanza, nos impide el avance espiritual porque nos ata a la materia y los placeres de la naturaleza inferior.
En labios de su 'SIGFREDO' dice WAGNER: 'CUANDO APRENDÍ EL LENGUAJE DE LAS MUJERES, OLVIDÉ EL DE LAS AVES'…
Que es tanto como decir: el sexo es contrario a la intuición".-

222 *leemos en* "SÍMBOLOS FUNDAMENTALES DE LA CIENCIA SAGRADA"
de **RENÉ GUÉNON**

"Se dice en el CORÄN: 'Y SALOMÓN fue el heredero de DAVID; y dijo:
¡Oh, hombres!, hemos sido instruidos en el lenguaje de los pájaros ('ullimna mántiqa-t-tayri) y colmados de todo bien…' (Azora XXVII, 15 [16]).

242

Se ve a héroes vencedores del DRAGÓN, como SIGFRIDO en la leyenda nórdica, comprender el lenguaje de los pájaros. La victoria sobre el dragón tiene por consecuencia inmediata la conquista de la inmortalidad, figurada por algún objeto al cual aquél impide aproximarse, y esta conquista de la inmortalidad implica esencialmente la reintegración al centro del ser humano, es decir, al punto en que se establece la comunicación con los estados superiores del ser. ....

Los pájaros se toman con frecuencia como símbolos de los ángeles, es decir, precisamente, de los estados superiores".

223 *Dijimos que, del ADÁN PRIMIEVAL, se esperaba su aportación de HIJOS DE LUZ mediante su inteligente volición, una manera muy celestial ésta de ser partícipe de la cosmogénesis, pero su libre albedrío le hizo temerario antes que virtuoso, y decidió cambiar por el modo de epigénesis animal (acto carnal), en el que se halla sumergido. Ahora su tarea es lograr su sublimación.-*

Continuemos con el DR. EDUARDO ALFONSO *y leamos otros diferentes modos* EPIGENÉTICOS, *helos aquí:*

"... los elementos constitutivos de cada mundo, se individualizan para el acto creador, al servicio de la voluntad y plan divinos, y son los modos, formas y fuerzas por los que el SER SUPREMO realiza el Universo:

y así en el mundo espiritual son modos de voluntad (querubines o budas);

en el mental abstracto son modos de ideación (serafines o choans); en el mental concreto son formas de pensamiento (arcángeles o dhyanis); en los mundos hiperfísicos o del astral (etéreo y pasional) son formas de deseo y de fuerzas (ángeles, elementales de la naturaleza) todos; vitalizados por un caudal de fuerzas etéreas. a modo de etereosoma, que es el instrumento de acción y realización en el mundo concreto.

Y así la VOLUNTAD DIVINA con estos servidores, producto de su Mente Creadora, va realizando la CREACIÓN DEL COSMOS".-

224

PEDRO DE CORRAL, *en su* 'Crónica Sarracina'
relata que fue el infante Pelayo echado al río en un arca, como el episodio de Moisés, 1.200 años antes de Cristo, y el más antiguo de Sharrukin , (el 'Sargón de Akkad'), hijo secreto de una princesa Virgen, echado al agua 3.800 años antes de Cristo.-

"Problemas Religiosos" Dr.Eduardo Alfonso.

224(b) *Leemos en:* I AND THE FATHER ARE ONE The Edenite Society, Inc.Imlaystown, New Jersey

CASAMIENTO LEGÍTIMO

Originalmente los casamientos fueron ordenados y permitidos únicamente conformes con las LEYES DE DIOS. Estaban limitados SÓLO PARA QUIENES ERAN CONSIDERADOS ESPIRITUALMENTE PUROS e inclinados a procrear.

El casamiento jamás fue licencia para ningún aspecto del sexo, sino para una procreación EXTREMADAMENTE LIMITADA.

La explosión demográfica se debe a la transgresión de las Leyes de Dios, y los problemas a los que se enfrenta la humanidad, incluidos los nacimientos defectuosos, pueden ser atribuidos a la ilegítima superpoblación.

Aquellos inclinados al casamiento espiritual (conocedores de las Leyes de Dios) limitaron el acto procreativo controlando así, naturalmente, la población.

Sólo cuando la humanidad vuelva a las reglas prístinas del casamiento, la población estará bajo un razonable control.

Quienes no están casados de acuerdo con las Leyes de Dios, no están en realidad casados, sino que viven un estado de vida distorsionada.

A la gente mundanal puede llevarle muchos miles de años darse cuenta de estas simples leyes morales.

Civilizaciones de otros planetas supieron de estas lecciones, y lograron un mejor desarrollo evolutivo, viviendo en armonía y paz.

El planeta Tierra nunca debió soportar más de UN MILLÓN de habitantes rurales, con lo cual se dejaba a las otras especies animales amplio sitio habitacional.

Nunca debió pensarse en sofocar a la Tierra bajo la jungla de asfalto. Las ciudades han probado ser fértiles sitios para todo mal, incluidos los casamientos ilegítimos que han dado por resultado la explosión demográfica de miles de millones.

Retornando a las Leyes de Dios se pueden revertir estos casamientos, y tornarlos legítimos a la luz de las leyes sagradas.

Ello será cuando la humanidad lo decida.-

225 *Leímos en:* **"ENSAYOS SOBRE HINDUISMO Y BUDISMO"** *por* VICENTE FATONE

Cp. GANDHI, ASCETA JAINA

... recurso político, pero acto religioso,
era el consejo de suspender la procreación
mediante la continencia ascética,
para detener la miseria física
y moral de la raza.-

226 Del siglo III al IX CHINA tomó de CEILÁN el Budismo con su destacada importancia de la idea del mundo como ilusión, del sexo como cosa reprensible, del celibato monástico, de la medicina ascética, del vegetarianismo, del ascetismo, la idea del karma, de la transmigración de las almas, la retribución del bien y del mal después de la muerte.

Tuvo sus consecuencias determinantes en medicina, matemáticas, el descubrimiento de la trigonometría (Lui Huei, 623), astronomía, música, lingüística, fonética, literatura, etc.-

227 *Leímos en:* **"EL SIMBOLISMO DE LAS RELIGIONES"** de *MARIO ROSO DE LUNA:*

... "nuestra Tierra ha desarrollado ya TRES CICLOS DE VIDA COMPLETOS, ... de vidas puramente terrestres, y al comenzar su CUARTA RONDA actual, recibió ya gérmenes vitales de la Luna. A la cabeza de tales elementos, una Humanidad Celeste, la de los PITRIS... [ver Génesis VI Los hijos de Dios y las hijas de los hombres.] descendió a la "ISLA SAGRADA", o región del Polo Norte de la Tierra, donde estableció su morada en un continente paradisíaco, cantado como "ISLA BLANCA" en diferentes teogonías. Ésta gozaba de un clima tropical del que aún quedan testimonios geológicos...

Semejantes PITRIS LUNARES dieron lugar a la segunda raza de hombres (en realidad la primera, si no se cuentan como HOMBRES ellos), los cuales carecían originariamente de sexo (REYES DE EDOM de la Biblia), pero lo fueron adquiriendo con la evolución ulterior, pasando, como las flores, por una larga etapa de doble sexo o androginismo.

. . . SU CONTINENTE SE HUNDE EN PARTE. . . SURGE EL CONTINENTE LEMURIANO en el Pacífico con la RAZA

247

TERCERA, dotada ya de un "POLO" POSITIVO o de la MENTE, y de un "POLO" NEGATIVO o del SEXO, y de un "ECUADOR" o "BALANZA" llamado a mantener con la responsabilidad consciente ya, el equilibrio del sexo y de la mente.

228 . . .A partir de la TERCERA RAZA empezó la historia física de la HUMANIDAD, porque los seres de dicha raza tenían todas las características generales con que contamos hoy, a saber:
- una razón, aunque juvenil e incipiente (polo positivo del organismo);
- un sexo (polo negativo), que empezaba a ser cruz para acabar siendo su glorificación con el triunfo sobre sí mismo,
- y una noción de responsabilidad o de equilibrio entre los postulados de la razón o mente y las exigencias del sexo, constituyendo algo así como el fiel de la balanza entre la vida física o material, por el sexo continuada, y la vida intelectual característica del MANÚ, pensador u hombre.
. . . La actuación tutelar de aquellos PADRES DE LA HUMANIDAD primitiva se operó en el ámbito de un verdadero paraíso: el "PARAÍSO TERRENAL" que apareció al comienzo de todas las teogonías y especialmente de la mosaica. . .
En una exégesis del Génesis vemos al PRINCIPIO EMANADOR DEL COSMOS y a sus OPERADORES los ELOHIM o HELIO-JINAS, (la HUESTE de los DHYANIS SOLARES de los que habla el "LIBRO DE DZYAN"), formando al ADÁN PRIMERO y BISEXUADO y

248

colocándolo en un Paraíso de delicias, feliz pero irresponsable todavía por carecer de mente. . .

. . . JEHOVAH --uno de los Elohim: el PADRE-MADRE físico según el simbolismo de sus cuatro letras: I.H.V.H [iod.he.vau.he]-- separa al primitivo Adán andrógino o sin sexo, en macho y hembra; con lo que quedaba asegurada físicamente la continuidad material de la especie, pero no la continuidad mental por cuanto ellos no habían comido aún de la "FRUTA DEL ÁRBOL DE LA CIENCIA", es decir, no habían gustado todavía las delicias y las amarguras del PENSAMIENTO. . ."-

229

REFLEXIONES

Estas ideas del desarrollo evolutivo compendiadas en sistema numérico septesimal donde la "cadena" es como la unidad de millar; los "globos" como la de ciento; la "ronda" como unidad; continuándose en unidades decimales como
sub- razas, tribus, familias, individuos, las vemos tratadas también en "Concepto Rosacruz del Cosmos" de Max Heindel. No las veremos aquí.-

Al observar la naturaleza y reparar en la infinita variedad de testimonios sobre la asombrosa habilidad desplegada por los exponentes que se posan en otros peldaños de la escala biológica, quedamos sin palabras, pues nos resulta por demás difícil describir las costumbres de pájaros, insectos, sus habitáculos y habilidades alimentarias.

Cada especie es amparada por cada individuo hasta la inmolación, ajenos a cualquier idea de bien o mal; la solidaridad es suprema ley para ellos, no tiene artículos ni incisos que posibiliten su transgresión.

230 *Si nuestros hermanos menores de la escala, nuestros semejantes los animales,*
conocen el bien y el mal, no lo sabemos, pero sí sabemos que obran siempre bien, cualesquiera sean las circunstancias que el entorno les imponga. La llamada raza humana es la más irracional de todas las razas de irracionales. Ellos obran bien, el hombre se esfuerza por actuar de la manera más destructora que su lucubración le permita imaginar. Nefando ante sí y ante la vida toda.

El pecado de la raza humana no fue el conocimiento del bien y del mal. En tal caso podría también serlo para los siniestros sin cuerpo físico. Pecado es obrar mal.
Si el hombre actuara como los animales, por "INSTINTO", no tendría posibilidad de cambio, de progreso. Obraría como las hormigas o las abejas que hace cuarenta millones de años (dice la ciencia) se comportan de la misma manera. Nacen terminadas, sabiendo todo lo que son capaces de saber.

231 *El hombre tiene posibilidades poco menos que infinitas, de él depende el desarrollo de su potencialidad. SU DESTINO ESTÁ SUBORDINADO AL USO QUE HAGA DE SU CONOCIMIENTO DEL BIEN Y DEL MAL.*

250

Este conocimiento no le pudo haber estado prohibido, era una condición SINE QUA NON para erguirse por sobre las otras formas de vida. Su pecado no fue conocer el bien y el mal, necesitaba ese conocimiento para EJERCITAR SU LIBRE ALBEDRÍO. Si procede de modo siniestro, SÓLO ÉL SE CONDENA. ... y habrá de elegir el castigo que su conciencia dictamine.

¿CUÁL FUE EL PECADO ORIGINAL?
Fue la decisión de preferir la dualidad, la distinción de las dos mitades.
"Y TÚ nos hiciste uno". [XXXIV v.16 The Gospel of The Holy Twelve].
Estamos inmersos en el pecado hasta que comprendamos la verdadera razón de nuestro estado desquiciado, Y NOS ELEVEMOS POR SOBRE NUESTRAS VESTIDURAS. [ver párrafo 23]. 'Nuestra vestidura' es el cuerpo material que, nosotros, como almas, hemos urdido para nuestro peregrinaje terrestre.

232 Al principio fuimos **UNO** (Génesis I:27 *"Creó, pues, Dios al ser humano a imagen suya, a imagen de Dios LE creó,"*) pues en el PADRE PRIMERO no hay macho ni hembra. *No hay diferenciación.*
Dios nos hizo con cuerpo espiritual, sin necesidades alimentarias como las de hoy. Esto lo vemos en Génesis II:8: "**LUEGO** plantó Yahveh Dios un JARDÍN EN EDÉN, al oriente, donde colocó al hombre que **HABÍA** FORMADO".

251

"LOS ÁRBOLES DELEITOSOS A LA VISTA Y BUENOS PARA COMER"
*FUERON PLANTADOS CON **POSTERIORIDAD** A LA EXISTENCIA DEL SER HUMANO. SU ALIMENTO ERA LA ENERGÍA CÓSMICA OSMÓTICAMENTE INCORPORADA.*

Cuando Yahveh Dios dice: "No es bueno que el hombre esté solo. Voy a hacerle una ayuda adecuada" Gén. II:18, ***NO SE TRATABA DE UN COMPLEMENTO FEMENINO**, sino de* "TODOS LOS ANIMALES DEL CAMPO Y TODAS LAS AVES DEL CIELO" (G.II:19).
Pero el simbólico Adán, uno, el ser humano, no queda conforme con la compañía otorgada por Dios, e insiste en la DISTINCIÓN DE LAS DOS MITADES, tal como en los animales.

233 *Continuando con el v.27 leemos:* "macho y hembra los creó", *aquí nos encontramos con la escisión de Adán:* "Esta vez sí que es hueso de mis huesos y carne de mi carne".
Los animales no eran parte de él.
"Ésta será llamada mujer porque del varón ha sido tomada".
Vemos que no sólo de una "costilla" "formó a la Mujer", sino que también de "carne".
'El ser humano en dos mitades.'
Y a ello podemos agregar que ADÁN NO ERA NECESARIAMENTE un ser ANDRÓGINO, lo que conlleva la idea de genitales, sino de un ser diferente cuyo 'vehículo' estaba constituido por materia sutil y que COADYUVÓ EN LA

CREACIÓN. Esto se pone en evidencia en *Génesis II19:* "Y Yahveh Dios formó del suelo todos los animales del campo y todas las aves del cielo y los llevó ante el hombre para ver cómo los llamaba y para que cada ser viviente tuviese el nombre que el hombre le diera". *["Para Dios 'nombrar' significa hacer",* dice Lanza del Vasto].

Es decir, que el hombre, como demiurgo era partícipe en la divina Creación, volitivamente.

"DIOSES SOIS Y LO HABÉIS OLVIDADO", PLATÓN. [SALMOS LXXXII:6 "Yo dije: Vosotros sois dioses,". JUAN X:34 "Jesús les respondió: ¿No está escrito en vuestra ley: Yo dije, dioses sois?"].

234 *Su libre albedrío lo separó de su ministerio, prefiriendo el* "engendro de la sangre, por voluntad de la carne" *(ver párrafo 239. Juan I:13), a la prístina aportación de hijos de luz, por virtuosa acción de la voluntad..*

Así, esa humanidad LEMÚRICA del PACÍFICO, la de PITRIS de la ISLA SAGRADA, (ver párrafo 227), simbólicamente representada por ABRAM y SARAY tuvo que emigrar de UR.

Ur significa fuego sagrado, inmaterial, como el de la ZARZA DE HOREB, que ardía sin consumirse, como la luminiscencia con que se encontró ENOCH en el cielo.

Pensamos que el sitio de donde partieron Abram y Saray no fue un lugar geográfico, sino aquel hábitat destinado para la HUMANIDAD cuando nuestro PRIMER PADRE, [párrafo 152] al hacernos "apenas inferior a un dios" (SALMOS

253

VIII:6), *nos puso por sobre el plano angelical.* [
ver párrafo 142].

No **trataremos** *aquí la cuestión de si Abraham significa 'no-brahman' y si Saray deriva de Saraswati, porque ello haría muy extensa esta exposición.-*

235 *Si, diremos que ellos simbolizan la HUMANIDAD PRIMIEVAL, viviendo en la prístina irradiación paradisíaca, el fuego inmaterial divino. Por eso dice la Biblia que partieron de UR (el fuego sagrado). El mismo fuego del carro que transportó a ELÍAS al cielo (II REYES II:11); el fuego que hacía resplandecer el rostro de MOISÉS (ÉXODO XXXIV:35); el mismo que fue atemperado por el ángel en el rostro de ENOCH.-* [The Book of the Secrets of Enoch XXXVII : 1].

235 (b) RATNAVABHASA-KALPA: La edad en que habrá dejado de existir toda diferencia sexual, y el nacimiento se efectuará en la forma ANUPADAKA (sin padres), como en la segunda y tercera Razas-madres. La filosofía esotérica enseña que esto ocurrirá al fin de la sexta y durante la séptima y última Raza- madre en la presente Ronda (oleada de vida).-

236 *Leemos en:* **EL LIBRO QUE MATA A LA MUERTE** *de Mario Roso de Luna*

Enseñanza de PLATÓN *en su* "PHOEDRUS":
"Antes de que el espíritu del hombre se encenegase en la sensualidad, y fuese encarnado en la misma, debido a la pérdida de sus alas, vivía entre los dioses en el mundo aéreo (espiritual), en donde todo es puro y verdadero".

Y en el "TIMOEUS" *añade* "Hubo un tiempo en que la humanidad no se perpetuaba como hoy, sino que vivía como espíritus puros";   sentencia análoga a la de Jesús, cuando dice que los hombres en el mundo futuro   "ni se casan ni son dados en matrimonio, sino que viven como los Ángeles de Dios en los Cielos".-

237

CONCLUSIÓN

CUANDO NOS REFERIMOS A LOS ALBORES DE LA HUMANIDAD, interpretando las distintas Escrituras que nos hablan de su CONDICIÓN LUMÍNICA, tenemos presente al EVANGELIO SEGÚN SAN JUAN, donde el santo nos expresa claramente que todo fue hecho por Dios, que era el VERBO.

En realidad, en griego encontramos la expresión "LOGOS", cuya connotación es mucho más fecunda.

Logos es la expresión exterior de la INMANIFESTADA CAUSA.. Es el lenguaje del pensamiento.

De la inefable EXISTENCIA UNA sale el LOGOS en el que nace, vive, se mueve tiene su ser y muere este universo.

La emanación del Logos sustenta al universo. Sus fuerzas y energías son su corriente de vida. Es el centro y la circunferencia del universo. Es como el agua que está en toda la esponja.

238 *EL LOGOS se despliega de sí mismo manifestándose en triple forma: El 'PRIMER LOGOS' es raíz u origen del SER. De él procede el 'SEGUNDO LOGOS' manifestando los aspectos de VIDA-FORMA, primera dualidad, Espíritu-materia, Padre-Madre de los mundos. Y el 'TERCER LOGOS' es la MENTE UNIVERSAL donde está el arquetipo de **TODO**. Noúmeno cósmico, ÁNIMA MUNDI.*

256

El Logos es la Luz Primordial. Luz existente ya en el primer día de la Creación, según lo vemos en Génesis I v.3. Las lumbreras fueron creadas recién en el día cuarto, Génesis I v.14.

239 *Las tribulaciones 'ADANÉVICAS' se debieron a la pérdida de esa Luz inmaterial libre de sombras. Aunque, más que pérdida, es OBSCURACIÓN DE LA DIAFANIDAD INMANENTE.*
Están en nosotros las posibilidades de recuperarnos, de reinstalarnos en esa CREACIÓN-EMANACIÓN de la que ABRAM-SARAY participaron, antes de que ISAAC ("el alma ") fuera ofrendada ante el altar, para la bendición, y no como intento de cruenta inmolación.

Nos dice SAN JUAN en capítulo I versículo 4: "EN ÉL ESTASBA LA VIDA, Y LA VIDA ERA LA LUZ DE LOS HOMBRES".
Al ser creada la Humanidad se le otorgó la vida, y esa misma vida primordial se manifestaba en forma de luz propia, luz que hacía innecesaria luminaria externa alguna.
... "las tinieblas no prevalecieron contra ella". (Jn. I:5).
NO PREVALECIERON, la luz NO es anulada por las tinieblas; SÍ, las tinieblas por la luz. Hemos empañado los cristales de la linterna que somos.
240 Había llegado el tiempo de restablecer los designios del LOGOS, y para ello viene JUAN,

hijo de ISABEL y ZACARÍAS, a preparar el camino al **REDENTOR.**

Juan era también hijo de la carne, como nosotros, por ello dice el versículo 8: "NO ERA ÉL LA LUZ, SINO PARA QUE DIESE TESTIMONIO DE LA LUZ".

Mas sí era luz AQUÉL que le seguía y también le había precedido. "Aquella LUZ VERDADERA, que alumbra a todo hombre, venía a este mundo". (Jn. I:9).

El MESÍAS venía por gracia del ESPÍRITU SANTO, razón por la cual era LUZ, y no tinieblas. *Era hijo de DIOS, Luz Verdadera. Y, a* "todos los que LE recibieron, a los que creen en SU nombre, les dio potestad de ser hechos hijos de DIOS;" (Jn. I:12).

241 La luz en nosotros tornóse tinieblas cuando la Humanidad transgredió, y cambió voluntariamente el Edén por el mundo, prefiriendo el engendro de la sangre, por voluntad de la carne (Jn. I:13); *despreciando la paternidad de Dios, que nos legara vehículos LUMÍNICOS, cuerpos eviternos ajenos a todo desgaste o decadencia, SIN ENTROPÍAS. Libres de tribulaciones y plenos de bienaventuranza.*

Seamos capaces de imaginarnos una sociedad en la que no regirán más las leyes de los hombres; con una salud perfecta; sin propiedad privada ni comercio, por lo que resultará obsoleto el dinero; donde se considerará sagrada la vida tanto humana como la de nuestro prójimo (nuestros hermanos menores los animales).

Un mundo sin engaños, pues serán visibles nuestras intenciones. No habrá juristas, galenos, castrenses ni holgazanes.

242 Se habrá concluido la apetencia por sensaciones animales. Será una humanidad como de ángeles, que no procrean ni se dan en casamiento.

Investiguemos para comprender y colaborar con la naturaleza. Seremos artífices en la MAGNA OBRA DEL SEÑOR POR EXCELENCIA.

Habrán sucumbido las ciencias y las religiones, reemplazadas por la CIENCIA-RELIGIÓN.

Olvidados los amores, será el AMOR CRÍSTICO que unirá los reinos Humano, animal, vegetal, angélico, mineral ....

Ya estamos bajo el dintel de su áurea portada. No obstante, tenemos libertad para renunciar a ser protagonistas de tan magna Gracia, y, como renuentes, demorarnos otros veintiséis mil años para decidirnos ...

Preparémonos para el REINO MILENIAL. Retomemos la senda que nunca debimos haber extraviado. Que la PARUCÍA nos encuentre preparados para el totalmente nuevo modo de ser.

Decidámonos a subir al primer escalón de nuestra eterna aproximación a la Divinidad.

243 Desde Adán-Eva la humanidad ha realizado portentosos descubrimientos, prodigios técnicos, voluminosa burocracia, retórica autojustificante, dilatorias prescripciones; pero no ha ascendido un solo peldaño en la escala de la VIDA.

259

Estamos tan distantes del logro de nuestro angelical destino, que parece inexistente. Claro, más que destino (ya que no es una meta) deberíamos decir dirección, tendencia hacia la FUENTE.

[Tampoco es angelical, pues nuestro origen fue a nivel de: "Apenas inferior a un dios le hiciste, coronándole de gloria y esplendor;" *(Salmos VIII:5.- ver párrafo 142).]*

Nuestra brújula está desplazada ciento ochenta grados. Corrijamos el rumbo para sintonizar el DIVINO AMOR que nos conducirá muy raudo por la vía que jamás debimos dejar. Apresurémonos a ser bienaventurados, que PADRE-MADRE está aguardando para compartirnos SUS excelsitudes.

CRISTO nos señala el CAMINO, nos abre SUS brazos para recibirnos en SU SER. Dejémonos llevar por SU SANTA PALABRA. - -

244 *Condiciones básicas que se han de cumplir para aspirar al* **REINO MILENIAL :**

No matar. Cualesquiera sean las circunstancias ante el reino humano y animal. (1)

Ascetismo.

Ausencia de todo matiz de yoidad.--

(1)   Tema desarrollado en "Nuestro Alimento según   las Escrituras" por   Hemilce Amílcar López. Editorial Kier Bs. As.

260

"Sólo amaré

con amor eterno."

SRI KRISHNA.

Génesis   **I:**3.5.8.9.12.14.26/28
II:7.8.18.19.22.25.27 III:1.12.13.16.19.21 V:24
IX:22.25 XI:30 XVI:2 XXIX:31
Éxodo   X:21.22 XIX:14.15 XXXIV:29.30.35
Levítico   XII XV:18
Deuteronomio   X:16 XXX:6
Jueces   XIII:2
I Samuel   XXI
II Reyes   II:11
Job   XXII:27.28 XXIX:1/3
Salmos   IV:6 VIII:5.6 XXVII:1 XXXVI:9
LXVII:1.2 LXXXII:6 LXXXIX:15
XC:4 CXXI:6 CXXXIX:11.12
Proverbios XXIX:11
Sabiduría   III:13 IV:1
Isaías   II:5   IX:1.2   XIII:8   XXVI:17
LX:1/3.5.19.20
Jeremías   III:2 IV:4 V:7/9 XIII:21
Lamentaciones   IV:21
Daniel   XII:2.3
Oseas   XIII:13
Habacuc   II:15
Zacarías   XIV:6.7
Mateo   V:28.29 VI:22.23 XIII:43 XVIII:3
XIX:11.12 XXIV:19
Marcos   X:15   XIII:17.24/26.30.32
Lucas   I:7 II:21 XI:36 XVIII:17 XXI:23
XXIIII:28.29
Juan   I:4.13 X:34
Hechos   XI XV XVI
Romanos   II:29 III:1.30.31 IV:8/11 VII:3
VIII:22

I Corintios   VI:9   VII:1.2.77/9.18.19 X:6/8
XIII:12
II Corintios   XII:21
Gálatas   II:2.3.7.8 IV:19 V:2.6.16/21
VI:12.15
Efesios   V:3.25
Filipenses   III:2
Colosenses   II:11.13 III:5.6
I Tesalonicenses IV:2.3.4.5 V:5
I Timoteo   I:8/11
Tito   I:10.11
Hebreos   II:6.7
I Pedro   II:11
II Pedro   III:8
I Juan   I:5 II:8 III:2.9
Judas Apóstol V:5/7
Apocalipsis   II:14 VII:14/16 XIV:4 XVII:1.2
XVIII:2/5 XX:4/6 XXI:23.25
XXII:5.13/16.-

BIBLIOGRAFÍA

Biblia de Jerusalén-Rev.y aumentada-Desclee de Brouwer, Bilbao 1975

Santa Biblia-Valera-Rev. y corregida-Soc.Bibl.Americana-New Cork 1908

La Santa Biblia-Reina-Valera-Rev.1960- S.B.U.

The Gospel of The Holy Twelve-From original Aramaic-Reprinted 1974 by Health Research,Mokelumne Hill,Ca . USA

The Forgotten Books of Eden-The 1st Book.of Adam & Eve

"   -The 2nd "   "   "

"   -Testament of The Twelve Patriarchs

World Bible Publishers, Inc. USA

The Essene Humane Gospel of Jesus-The Edenite Society, Inc.Imlayston-N.J. USA

Evangelios Apócrifos-Hyspamerica Bs.As. 1985

Susurros de Eternidad-Paramahansa Yogananda-Kier Bs.As.1962

El Evangelio de Ramakrishna-Kier Bs.As.

El Evangelio de Vivekananda-Romain Rolland-Hachette Bs.As

Imitación de Cristo-Tomás de Kempis-Difusión-1953

Confesiones-San Agustín-Plaza y Janés SA-Barcelona 1961

La Conducta en la Vida-Alexis Carrel-Kraft Bs.As.1959

Las Cuatro Plagas-Lanza del Vasto-

La Energía Humana-Teilhard de Chardin-Taurus 1967

El Medio Divino-Teilhard de Chardin-Taurus 1967

El Libro de Mormón-Salt Lake City-1952

Reflections on Hinduism-Swami Yatiswarananda-
Bhabarat Sevashram Sangha-
Calcutta-Prajabandu Press-Ahmedabad-India
Sonata a Kreutzer-León Tolstoi-Sarpe-España 1984
The Edenite Creed For Life-The Edenite
Society,Inc.USA 1979
Ten Saints of India-T.M.P.Mahadevan-Bharatiya
Vidya Bhavan-Bombay-India 1971
I and the Father are One-The Edenite
Society,Inc.Imlaystown-N.J.USA
El Libro que mata a la Muerte-Mario Roso de
Luna-Ed.Glem-Bs.As.1957
El Hombre; su origen y evolución-N.Sri Ram-
W.Ballesteros-Carrera 6 56.27-Bogotá-
The Prophet of the Dead Sea Scrolls-Upton
C.Ewing-Philosophical Library,Inc. 15
East 40th St.New York
Diccionario de Sectas y Heregías-Luis A.Ruiz-
Claridad-Bs.As.
The Lost Books of The Bible-World Bible
Publishers,Inc.
Autobiografía de un Yogui-Paramahansa
Yogananda-Siglo Veinte-Bs.As.
The Gospel of Buda-Compiled by Paul Carus-The
Open Court Publishing Co
Chicago & London 1917
El Srimad Bhagavatam-Krishna Dvaipayana
Vyasa-B.S.Prabhupada-The
Bhaktivedanta Book T.-México 1979
Sabiduría Hindú-Lin Yutang-Biblioteca Nueva-
Bs.As.1946
La Grande Síntesis-Pietro Ubaldi-Víctor Hugo-
Bs.As.1950
El Kybalion-Tres Iniciados-Kier-Bs.As. 1951

The Abrahamic History-J.Todd Ferrier-The Order of the Cross-10 de Vere Gardens
Kensington, London W8
The Holy Science-Sri Yukteswar-Self Realization Fellowship-Los Angeles-Cal.1972
El Corán-Trad.Juan Vernet-Ed.Planeta-Barcelona 1967
El Confucianismo-Tchad Yun-Koen, Hyspamerica-Arg.Bs.As.1985
La Eneida-P.Virgilio M.-Hyspamerica-Arg.Bs.As.1986
Diálogos-Platón-Universidad Nac.de México 1921
Los Grandes Iniciados-E.Schure-Ed.Kier Bs.As.1975
Los Gnósticos-Serge Hutin-Ed.Universitaria Bs.As.1964
Metaphysical Meditations-P.Yogananda-Self R.F.Los Angeles.Cal.
The Order of the Cross-Todd Ferrier-10 de Vere Gardens,Kensington-London W8
La Religión de la Naturaleza-Dr.E.Alfonso-Ed.Kier Bs.As.1966
Obras Completas-Sta.Teresa de Jesús-Ed.Católica-Madrid 1974
El Simbolismo de las Religiones-Mario Roso de Luna-Ed.Eyras-Madrid 1977
Tao Te Ching-Lao Tse-Hyspamerica –Arg.1984
Pop Wuj,Libro del Tiempo-Tr.Adrián I.Chávez-Ed.del Sol-Bs.As.
The Nag Hammadi Library-Harper& Row Publishers-San Francisco-Cal
Leyendas de Guatemala-Miguel Ángel Asturias-Salvat

266

Historia Universal de las Sectas y Soc.Secr.-Jean-Charles Pichon-Bruguera.—

ÍNDICE TEMÁTICO

269

* * *

SOBRE EL AUTOR

Nació en San Nicolás de los Arroyos, Buenos Aires, Argentina, el 11 de Julio de 1926, radicado en Mar del Plata desde 1948, publicó artículos literarios en diarios locales, dio conferencias sobre la utilidad de los vegetales y las escrituras universales respecto del alimento.

Publicó su libro "SEIDAD" de poemas conceptuales, también el libro "NUESTRO ALIMENTO SEGÚN LAS ESCRITURAS" que contiene los conceptos más coherentes y rectores del vegetarianismo. Más adelante publica "EVOLUCIÓN" una propuesta para la reflexión.

Tradujo "COMPARACIÓN DE LAS FILOSOFÍAS DE ORIENTE Y OCCIDENTE" en su versión del inglés. También tradujo de ese idioma el libro de Sri Yukteswar " The Holy Science" (La Ciencia Sagrada), el de Swami Yatiswarananda titulado "Reflections on Hinduism" (Reflexiones sobre Hinduismo), el de Paramahansa Yogananda "How You Can Speak With God" (Cómo puede hablar con Dios), y el titulado "Thus Spake Ramana" (Así hablaba Ramana), por Swami Rajeswarananda. Su publicación "Nuestro Alimento Según las Escrituras" es una profunda exposición de su estudio de la Biblia y su concordancia con El Corán, el Sintoísmo, el Talmud Hebreo, el Evangelio de los Doce, del Señor Buda, el Código de Manú, el Jainismo, el Tao-Te-King, los rollos de Qunran.

Destina el tiempo libre a su entusiasmo filológico y la actividad Apícola.

www.ingramcontent.com/pod-product-compliance
Lightning Source LLC
Chambersburg PA
CBHW060009050426

42448CB00012B/2676